Günter Herburger
Blick aus dem Paradies
Thuja

Günter Herburger
Blick aus dem Paradies /
Thuja
Zwei Spiele eines Themas

Luchterhand

Lektorat: Klaus Siblewski

© 1981 by Hermann Luchterhand Verlag GmbH,
Darmstadt und Neuwied
Gesamtherstellung bei der
Druck- und Verlags-Gesellschaft mbH, Darmstadt
ISBN 3-472-86525-3

Blick aus dem Paradies

Personen:

Er
Sie
Vater
Hebamme
Sohn
Fahrer

I

(Weiter Raum, entfernt manchmal Vogelgezwitscher)

Er: Komm.

Sie: Ich?

Er: Ja, du.

Sie: Wie heißt du eigentlich?

Er: Ich habe einen Hochstand gebaut.

Sie: Wo?

Er: In der Lärche. Kennst du Lärchen?

Sie: Das ist ein Baum mit dünnen Nadeln.

Er: Du bist in Ordnung. Meine Lärche ist sehr hoch, und ihre Äste sind ziemlich spröde, aber ich habe lange Nägel in den Stamm geschlagen. Du kannst bequem hinaufsteigen.

Sie: Ich habe einen Rock an.

Er: Dann steige ich zuerst.

Sie: Ich bin nicht schwindelfrei.

Er: Dann lasse ich von oben eine Strickleiter herunter.

Sie: Gehört der Baum dir?

Er: Er steht in unserem Garten, gleich neben dem Steinbruch. Wir haben auch einen Weiher und einen Bach, einen kleinen Wald und Hecken, Wiesen und drei Äcker.

Sie: Wem gehört das alles?

Er: Meinem Großvater, aber ich verwalte das Grundstück. Er paßt auf, daß ich alles richtig mache.

Sie: Ich habe auch einen Großvater. Er ist meistens auf Reisen.

Er: Solange meiner mir nicht in die Gartenarbeit pfuscht, ist es mir gleichgültig, was er tut. Siehst du den Rauch, der hinter den Bäumen aufsteigt?

Sie: Es brennt! Du mußt sofort hin und löschen.

	Waldbrände sind sehr gefährlich.
Er:	Der Rauch kommt von Großvaters Brutöfen am Weiher. Er kreuzt neue Vogelsorten. Wenn's schief geht, muß ich mich wieder um die halbfertigen Dinger kümmern. Sobald er keine Lust mehr hat, läuft er davon und läßt mir den verbrannten Dreck zurück.
Sie:	Komm, wir gehen hin und schauen zu.
Er:	Ohne mich.
Sie:	Ich habe noch nie gesehen, wie man neue Vögel fabriziert. Mein Großvater macht sowas nicht. Wenn er von einer Reise zurückkommt, schläft er sich nur tagelang aus.
Er:	Du kannst in die Öfen nicht hineinsehen. Sie stecken in der Erde.
Sie:	Ich denke, die Öfen sind im Weiher?
Er:	Nein, am Ufer. Sie brauchen Wasser zum Kühlen.
Sie:	Dein Großvater ist aber umständlich. Ich hätte die Öfen einfach ins Wasser gestellt.
Er:	Habe ich ihm auch gesagt, aber er schwört auf sein Kühlröhrensystem. Er ist eben alt und kann nicht mehr umdenken. Außerdem behauptet er, die Fische würden kaputtgehen, wenn die Öfen im Wasser stehen. (lacht auf) Von seiner Brut ist schon lang kein einziger Fisch mehr drin. Als er mal wie üblich mitten in der Arbeit weggerannt ist, habe ich den Weiher abgelassen und ausgefischt. Im Schlamm steckten nur ein paar bemooste Karpfen. Aber ich habe neue Fische eingesetzt, die solltest du sehen: Forellen, Schleien, Stichlinge und Hechte, sage ich dir, armlange Kerle. Meine Züchtung, die haut hin.
Sie:	Und wenn dein Großvater es merkt?
Er:	Er hat nur seine Vögel im Kopf und hoffent-

lich bleibt es dabei. Einmal hat er sich allerdings einen halben Tag im Stall herumgetrieben, wo er sich sonst nie sehen läßt, auch nicht, als die Maul- und Klauenseuche ausbrach. Er ist verdächtig freundlich gewesen, hat die Pferde so komisch angeguckt, die Schafe hat er abgetastet, und dann habe ich ihn sogar im Schweinekoben erwischt. Dort hat er doch tatsächlich den Eber vermessen, diesen heimtückischen Halunken, zu dem ich mich nicht hineintraue. Bei Großvater war er ganz friedlich. Nein, nichts gegen seine Vögel! Von mir aus kann er sich weiße Fledermäuse mit Glöckchen an den Ohren ausdenken. Was in der Luft fliegt, stört mich nicht mehr. Wenn er mir aber meinen Stall durcheinanderbringt, dann gibt's Rabatz.

Sie: Da, schau, eine große, fette Taube.
Er: Wo?
(Krächzen)
Sie: Das ist ja scheußlich! Das arme Tier.
Er: Von einer Sorte, die ihm danebengegangen ist. Taube mit Stimmbruch.
Sie: Aufhören! Sie soll aufhören!
Er: Rudolf! (Krächzen) Rudi, hau ab!
(Zweimal Krächzen, das sich dann entfernt.)
Sie: Da kriegt man ja Angst.
Er: Gewöhnung.
Sie: Ich möchte trotzdem zum Weiher. Vielleicht kann dein Großvater mir einen schicken Vogel zum Spielen entwerfen.
Er: Er hat seine eigenen Ideen. Du hast es ja gehört.
Sie: Ich möchte einen Vogel mit grünem Schnabel, gelben Krallen, einem roten Federhut, weißen Flügeln mit Kringeln drauf und einem

	langen, blauen Schwanz. Sprechen müßte er natürlich auch können.
Er:	Papageien mag Großvater nicht.
Sie:	Keinen Papagei, einen richtig neuen Vogel, den es noch nicht gibt. Nur ich habe ihn!
Er:	Das ist zwecklos.
Sie:	Ach, du bist störrisch!
Er:	Ich kenne Großvater.
Sie:	Du hast Angst vor ihm.
Er:	Vor meinem Großvater?
Sie:	Ja, vor ihm, der neue Vögel brütet. Ich habe vor meinem auch manchmal Angst.
Er:	Du bist ungerecht.
Sie:	Ich beobachte meinen Großvater genau, wenn er sich nach seinen Reisen ausschläft. Er liegt da und bewegt sich nicht. Mit seinen Falten im Gesicht sieht er wie ein Geier aus. Ein hinterhältig eleganter.
Er:	Meiner schläft nie, ist immer auf den Beinen, weil er sich einbildet, er versäume sonst etwas. Auch eine Alterserscheinung.
Sie:	Vor Großvätern darf man Angst haben.
Er:	Ich strenge mich an, keine zu haben.
(Donner)	
Sie:	Wir müssen weg!
Er:	Jetzt ist ihm wieder ein Brutofen explodiert.
Sie:	Ich will hier weg! Es kann einschlagen.
Er:	Du brauchst keine Angst zu haben.
Sie:	Wenn es donnert, habe ich einen Fehler gemacht und soll bestraft werden.
Er:	Ach was!
Sie:	Ich seh's dir doch an!
Er:	Alles Märchen! Das hat mir mein Großvater auch weismachen wollen, aber es stimmt nicht. Brutofen oder elektrische Entladungen

über dem Weiher. Los, wir klettern auf den Hochstand.

Sie: Ich komme nicht hinauf.

Er: Ich helfe dir.

(Donner)

2.

(Hallraum, Schläge auf Holz)

Vater: (entfernt) He, mach auf! Ich weiß, daß du da unten bist!

(Schläge)

Er: Psst, nicht antworten.

Sie: Ich weiß nicht . . .

(Schläge)

Vater: (entfernt) Aufmachen! Wenn du nicht aufmachst, schlage ich die Tür ein!

(Türgerüttel)

Sie: Ich muß aufmachen. Laß mich.

Er: Bleib da. Er bringt die Kellertür nicht auf.

Sie: Wenn er wütend ist, hat er zehnmal mehr Kraft.

Er: Die Tür ist aus Eichenbrettern, die werden ihn schon müde machen.

(Schläge)

Vater: (entfernt) Mit wem sprichst du? Antworte! Ich weiß doch, daß der freche Kerl aus der Gärtnerei bei dir drin ist. Antworte, sage ich dir!

Er: (lacht leise)

Sie: Bitte nicht.

Vater: (entfernt) Ich habe ihm verboten, auf den Kohleplatz zu kommen. Am Zaun ist wieder ein ganzer Brikettstapel eingestürzt. Das hat er gemacht.

Er:	(lacht leise)
Sie:	Wenn er die Tür aufbringt, schlägt er mich.
Er:	Der tut nur so wild, weil er ein schlechtes Gewissen hat.
Sie:	Wir müssen öffnen.

(Schläge)

Vater:	(entfernt) Ich hör's genau. Er ist bei dir drin. Ich befehle dir, aufzumachen. Ich bin dein Vater. Hörst du?
Er:	Ich bin dein Vater. Mehr fällt ihm nicht ein.
Sie:	Ich habe Angst. Was sollen wir tun?
Er:	Psst.

(Schnallen an der Türklinke)

Vater:	(entfernt) Du willst dich also im Keller ver-stecken? Gut, bleib drin. Aber verlaß dich drauf. Ich bringe dich heraus und deinen Freund, diesen Kerl von der Gärtnerei. Es gibt noch andere Mittel.

(Pause, Atmen)

Er:	Er ist weg.
Sie:	Glaubst du?
Er:	Er ist zu dick, hat hohen Blutdruck. Er hält das Schreien nicht lange aus.
Sie:	Vielleicht steht er hinter der Tür und horcht.
Er:	Ich wette, er ist in den Schuppen gegangen und trinkt wieder eine Flasche Bier zum Ab-reagieren.
Sie:	Ich habe dir gesagt, du sollst nicht auf die Briketts klettern.
Er:	Dafür bin ich jetzt überall dreckig.
Sie:	Ich muß nun wieder den ganzen Stapel auf-schichten.
Er:	Ich helfe dir.
Sie:	Er darf dich nicht sehen.
Er:	Warum will er, daß ausgerechnet die Briketts am Zaun ordentlich aussehen? Es liegt doch

	sonst alles auf eurem Kohleplatz durcheinander.
Sie:	Ich arbeite den ganzen Tag.
Er:	Anthrazit, Steinkohlen, Anfeuerholz, alles auf einem Haufen. Er hat ja kaum mehr Kundschaft und Arbeiter kriegt er auch keine mehr.
Sie:	In eurer Gärtnerei sieht es nicht besser aus. Mehr Brennesseln als Gurken auf dem Mistbeet, und vom Gewächshaus sind die meisten Scheiben kaputt.
Er:	Mein Alter ist nicht drauf angewiesen, er kriegt eine Rente.
Sie:	Und wer hat hinterm Hollunder in den Zaun ein großes Loch gemacht und holt sich bei uns die Kohlen?
Er:	Dieser braune Dreck brennt ja nicht. Weißt du, warum dein Vater so wütend wegen den paar umgefallenen Briketts tut?
Sie:	Weil sie jetzt zerbrochen sind. Niemand will sie mehr.
Er:	Nur die aufgestapelten sind gut, aber dahinter, da liegen die gepreßten aus Braunkohlenstaub. Wenn man sie anlangt, fallen sie auseinander.
Sie:	(lacht auf) Dann hast du die falschen gestohlen!
Er:	Die Leute, die am Zaun vorbeigehen, sollen glauben, er habe nur gute Briketts. Aber wenn er liefert, mischt er die billigen mit drunter.
Sie:	Das ist nicht wahr!
Er:	Ich nehme schon lange nur noch vom Anthrazit.
Sie:	Ach, darum kommst du zu mir! Du willst ausspionieren, wo die guten Kohlen liegen!
Er:	Das ist nicht wahr.
Sie:	Laß mich los!

Er:	Ich schwöre dir, daß es nicht wahr ist.
Sie:	Du sollst mich loslassen!

(Keuchen, Pause, entfernt fallen Tropfen)

Er:	Psst.

(entfernt fallen Tropfen)

Sie:	Was ist das?
Er:	Ich weiß nicht.
Sie:	Er läßt Wasser in den Keller.
Er:	Quatsch! Da nagt was.
Sie:	Ich habe keine Angst vor Mäusen. Es tropft.
Er:	Kann sein. Seit einem Monat ist dein Vater zu faul, das Wasser abzuleiten, das auf seinem Kohlenplatz steht. Jetzt läuft die Brühe in den Keller.
Sie:	Komm, wir gehen.
Er:	(lachend) Bleib doch, hier ist es gemütlich.
Sie:	Ich will heraus!
Er:	Im Keller sieht uns niemand.
Sie:	Was machst du denn? Laß mich los!
Er:	Es ist angenehm. Du mußt nur nachgeben.
Sie:	Das darf man nicht tun. Es ist verboten.
Er:	Es ist nicht verboten. Alle tun es.
Sie:	Man wird dafür bestraft. Die Hände faulen einem ab.
Er:	Meine sind immer noch dran.

(entfernt Dieselmotor, der näherkommt)

Sie:	Es ist verboten, man wird dafür bestraft.
Er:	Wer sagt das?
Sie:	Horch!

(Dieselmotor nah)

Er:	Dein Vater fährt mit der Zugmaschine.
Sie:	Aber die Hofausfahrt ist doch entgegengesetzt.

(Dieselmotor Leerlauf)

Er:	Er ist sicher betrunken.

(Deckelgeräusch)

Vater:	(verhallt) He, ihr da unten? Kommt ihr nun endlich heraus?!
Sie:	Er hat die Luke aufgemacht.
Er:	Er ist zu dick, er kommt nicht durch.
Vater:	(verhallt) Ich zähle bis drei.
Sie:	Ich habe Angst. Was macht er?
Vater:	(verhallt) Eins ...
Er:	Er kann durch die Luke nichts gesehen haben.
Vater:	(verhallt) Zwei ...
Sie:	Man wird dafür bestraft.
Vater:	(verhallt) Drei! Paßt auf, ich kriege euch aus dem Keller!

(donnerndes Poltern)

Er:	Die Kohlen!
Sie:	Er schüttet Kohlen herunter!
Er:	Mach die Tür auf! Wir müssen aus dem Keller!
Sie:	(hustend) Wo ist der Schlüssel?

(Poltern)

Vater:	(verhallt, lachend) Kommt, meine Kleinen!
Er:	(hustend) Der Schlüssel steckt nicht!
Sie:	(hustend) Mach die Tür auf! Hinauf ...!
Er:	(hustend) Der Kohlenstaub!
Sie:	Ich kriege keine ... (hustet)

3.

(Weiter Raum, manchmal entfernt Vogelgezwitscher.)

Sie:	(keuchend) ... Luft! ... Ah, endlich!
Er:	Was ist? Was hast du gedacht? Warum bist du stehengeblieben?
Sie:	Das war eine Anstrengung!
Er:	Jetzt bist du doch oben!
Sie:	Es schwankt.

Er:	Setz dich hin. Es passiert bestimmt nichts. Ich habe die Bretter gut angenagelt.
Sie:	Das ist aber hoch!
Er:	Der höchste Baum im Garten.
Sie:	Dein Hochstand ist ja beinahe ein Holzhaus. Hübsch hast du das gemacht.
Er:	Ganz allein gebaut. Es war nicht einfach. Jedes Brett mußte ich einzeln heraufziehen, dann mußte ich wieder hinunterklettern, das nächste anseilen, wieder hinaufsteigen, das Brett hochziehen ... Manchmal sind die Bretter zwischen den Zweigen hängen geblieben. Ich mußte auf Äste hinausklettern.
Sie:	Aber jetzt ist alles fest?
Er:	Du kannst herumtrampeln. (trampeln)
Sie:	Nein!
Er:	Das hält.
Sie:	Woher hast du die Bretter? Waren sie teuer? Bei uns ist alles aus Kunststoff. Großvater schwört drauf.
Er:	So was gibt's bei uns nicht. Ich habe zwei Bäume gefällt. Siehst du die Birken? Dann kommt weiter links der Tannenwald ...
Sie:	Oh, mir wird schwindlig! Es ist zu hoch.
Er:	Du gewöhnst dich daran.
Sie:	Ich war noch nie so hoch oben.
Er:	Ich war auf jedem Baum im Garten.
Sie:	Auch auf den kleinen Birken?
Er:	Auf denen natürlich nicht. Sie brechen doch.
Sie:	Du warst also nicht auf jedem Baum.
Er:	Ich habe die beiden Tannen selbst gefällt und ausgeastet.
Sie:	Bist du Holzfäller?
Er:	Mit dem Pferd habe ich dann die Baumstämme ...

Sie:	Du hast ein Pferd?
Er:	Fünf. Und Kühe und Schafe, zwei Ziegen, Schweine, Enten, Gänse, Hühner, Hasen, einen Pfau . . .
Sie:	Kann man auf den Pferden reiten?
Er:	Sie sind zum Arbeiten.
Sie:	Zum Reiten braucht man einen Sattel, der gut riecht und knirscht und dann braucht man auch noch Reithosen, Reitstiefel und einen Hut mit Schleier.
Er:	Ich dachte, es interessiert dich, wie ich die Bretter gemacht habe?
Sie:	Ja, natürlich. Wie hast du bitte die Bretter hergestellt?
Er:	Mit dem Pferd habe ich die beiden Stämme zum Weiher gezogen und hineingeworfen.
Sie:	Gut. Die Baumstämme liegen jetzt im Wasser. Was dann?
Er:	Sie müssen drin liegenbleiben, bis die Rinde ab ist und das Holz sich voll Wasser gesogen hat, damit man es leichter sägen kann. Nach ein paar Wochen habe ich die Bäume wieder herausgeschleppt.
Sie:	Ist das Pferd im Weiher geschwommen?
Er:	Nein, ich! Ich bin hinein und habe mit einer Eisenkrampe das Seil an den Stämmen festgemacht, und das Pferd hat dann die Bäume herausgezogen. Ist doch klar!
Sie:	Völlig.
Er:	Du bringst mich ganz draus.
Sie:	Entschuldigung. Aber ich bin, was Baumstämme betrifft, Laie.
Er:	Darum erkläre ich es dir.
Sie:	Richtig. Mir ist kühl. Hast du eine Decke?
Er:	Nimm meinen Pullover.
Sie:	Und du?

Er:	Ich bin abgehärtet. Also, die Baumstäm-me . . .
Sie:	Du bist braun gebrannt. Das sieht hübsch aus.
Er:	Zum Sägen legt man die Baumstämme auf den Sägeschlitten.
Sie:	(lacht)
Er:	Was ist daran komisch?
Sie:	Ach, weißt du, es mag lehrreich sein, aber wir sitzen ja schon auf den Brettern.
Er:	Da hast du recht.
Sie:	(lacht)
Er:	Es stimmt alles, was ich gesagt habe. Genau so wird es gemacht. Frag deinen Großvater.
Sie:	Der interessiert sich für sowas nicht.
Er:	Meiner war noch nicht hier oben. Ich habe sogar einen Flaschenzug konstruiert, aber Großvater hat sich geweigert.
Sie:	Na ja, ein alter Mann hier herauf?
Er:	Vorsicht! Seine Runzeln sind nur äußerlich. Wenn er will, schmeißt er einen voll belade-nen Kartoffelwagen um.
Sie:	Meiner ist zu faul, sich sein Rasierwasser selbst heiß zu machen. Lieber kratzt er sich kalt.
Er:	Rasiert man sich mit warmem Wasser?
Sie:	Unbedingt. Rasiert sich dein Großvater nie?
Er:	Er hat einen Bart, der ist so lang, daß er ihn beim Arbeiten ins Hemd hineinsteckt.
Sie:	Das muß ich sehen! Komm, wir gehen zu ihm.
Er:	Ohne mich.
Sie:	Du hast also doch Angst vor ihm?
Er:	Ich habe keine Angst.
Sie:	Ich will aber die Vögel sehen, die er herstellt.
Er:	Vögel kann ich dir auch beschaffen. Was willst du? Eine Schwalbe, einen Zeisig, eine Elster oder einen echten Raben?

Sie:	Du hast doch keinen Ofen.
Er:	Moment, bitte.

(Schritte, Äste ächzen)

Sie:	Wohin willst du?
Er:	Noch ein Stück hinauf.
Sie:	Nein, bitte nicht! Es war nur Spaß von mir!
Er:	(entfernt) Ich war schon oft im Wipfel. Dort gibt es ein Nest.
Sie:	Die Zweige! Sie halten nicht!
Er:	(entfernt) Ich bin gleich oben!
Sie:	Nein! – Paß auf!

(Holz splittert)

Sie:	(schreit auf) Halt dich fest! Der Ast! Du mußt dich festklammern! Bist du verwundet? Sag doch was! Kommst du wieder herunter? Soll ich hinaufklettern?
Er:	(entfernt, mit vollem Mund) Bleib unten! Untenbleiben!
Sie:	Was sagst du? Langsam, langsam! Ja, linker Fuß! Jetzt rechts! Noch mehr rechts. Der Ast ist dick und hält! Nicht so schnell! Ja, jetzt wieder links! Paß auf, da steckt ein Nagel!
Er:	(näher, mit vollem Mund) Achtung!
Sie:	Was willst du?
Er:	(nah, mit vollem Mund) Geh weg! Weggehen!

(Aufprall)

Sie:	Das ging gerade noch einmal gut! Hast du dir weh getan? Was hast du denn im Mund?
Er:	(mit vollem Mund) Ein Ei.
Sie:	Was?
Er:	Ein Ei. Für dich!
Sie:	Ein Vogelei mit Tupfen! Wie niedlich!
Er:	Eigentlich wollte ich dir einen kleinen Vogel bringen, aber das Nest war schon leer. Nur noch das Ei lag drin.
Sie:	Was machen wir jetzt mit dem Ei?

Er:	Bebrüten. Du bist doch ein Mädchen.
Sie:	Das geht nicht.
Er:	Dann mache ich es. Das Ei braucht nur Wärme.
Sie:	Tu das Ei sofort wieder in sein Nest zurück! Die Vögel suchen es und sind unglücklich.
Er:	Ach was! Denen sind schon fünf Stück geschlüpft. Sie sind froh, daß sie mal Freizeit haben.
Sie:	Das Ei muß wieder in sein Nest.
Er:	Alle Bäume im Garten sind voll Nester. Wenn ich Lust auf Vogeleier habe, klettere ich hinauf und hole mir ein paar. Aber frisch müssen sie sein, sonst schmecken sie scheußlich. Mal sehen, wie unseres . . .

(Geräusch des zerbrechenden Eies)

Sie:	Das darfst du nicht tun! Es ist verboten.
Er:	Quatsch.
Sie:	Man wird dafür bestraft.
Er:	Sei doch nicht immer so ängstlich.
Sie:	Du darfst das Ei nicht zerbrechen.
Er:	Ich will nur probieren. Man braucht mindestens zwanzig, sonst wird man nicht satt von den kleinen Dingern.
Sie:	Nein, bitte nicht! Ich will es nicht sehen.
Er:	Äh! Es war angebrütet. Schau dir das winzige Küken an. Schau doch, es hat ein Auge auf! Ein großes, schwarzes Glasauge. Faß mal an.
Sie:	Du Schuft! Du Schuft! Ich hasse dich! Ich hasse dich . . .

4

(Enger Raum)

Sie: Geh weg. Ich will dich nicht mehr sehen. Geh weg.

(Schritte, Tür zu)

Hebamme: Kommen Sie.

(Schritte)

Er: Was hat sie denn, Schwester Anneliese?

Hebamme: Ein bißchen schreien ist in ihrem Zustand normal.

Er: Wenn nur der Arzt käme.

Hebamme: Sie brauchen keine Angst zu haben. Unser Muttilein ist fleißig.

Er: Soll ich nochmal ins Dorf hineinradeln zum Postamt?

Hebamme: Das hat jetzt zu.

Er: In der Wirtschaft gibt's auch ein Telefon.

Hebamme: Wenn der Herr Doktor nach Hause kommt, wird es ihm ganz bestimmt ausgerichtet.

Er: Aber wann kommt er?

Hebamme: Er hat viel zu tun. Der Wettersturz ist schuld. Bei Ihrer Frau hat's ja auch zu früh angefangen.

Er: Sie hat Schmerzen.

Hebamme: Sie kann sich nicht richtig entspannen. Ich habe ihr eine Spritze gegeben.

Er: Gestern abend hat es begonnen und jetzt ist es schon Nachmittag. Zuerst dachten wir, es sei nur Bauchweh.

Hebamme: Jaja, Dauerwehen. Sie schlagen nicht durch. Kommt heutzutage oft vor.

Er: Ist das gefährlich?

Hebamme: Machen Sie sich keine Sorgen, ich kenne mich aus.

Er: Wenn der Arzt nur käme.

Hebamme:	Wenn Sie's nicht aushalten, dann holen Sie eine Flasche Schnaps!
Sie:	(schreit entfernt)
Er:	Sie schreit.
Hebamme:	Das höre ich auch.
(Schritte, Tür auf und zu)	
Sie:	(stöhnend) Es kommt wieder . . .
Hebamme:	Nicht sprechen, sich konzentrieren.
Sie:	Es tut so weh.
Hebamme:	Festhalten, Augen zumachen, tief atmen.
Sie:	(atmet)
Er:	Helfen Sie doch!
Hebamme:	Auf dem Nachttisch liegt Zellwolle. Wischen Sie ihr das Gesicht ab.
Sie:	Nein, nicht!
Er:	Ich will dich nur . . .
Sie:	Laß mich!
Hebamme:	Ruhe, atmen, nicht sprechen.
Sie:	Ich habe das Gefühl, ich platze.
Er:	Wo?
Sie:	Tu deine Hand weg!
Er:	Ich habe dich doch nicht berührt!
Hebamme:	(lachend) Das war nicht böse gemeint.
Sie:	Nicht lachen, bitte.
Hebamme:	Atmen, Muttilein, atmen.
Sie:	Jetzt geht es wieder weg. (stöhnt erleichtert)
Hebamme:	Atmen, schlafen, sich erholen. Wir haben wieder drei Minuten Zeit.
Sie:	Wie lange dauert es noch?
Hebamme:	Gleich ist's vorbei, gleich.
Sie:	Das sagen Sie schon lange.
Er:	Ich fahre nochmal ins Dorf. Vielleicht ist der Arzt jetzt da.
Hebamme:	Das kriegen wir schon.
Er:	Er hat es vergessen, es ist ihm nicht ausgerichtet worden.

Sie:	Bleib hier.
Hebamme:	Ruhig sein, sich entspannen, atmen.
Sie:	(atmet)
Hebamme:	Wollen wir mal wieder hören, was das Herzlein macht.
Sie:	(atmet) Du mußt auch hören.
Er:	Ich? Warum soll ich . . .? Das geht doch nicht.
Sie:	Ich will, daß du es zuerst hörst.
Er:	Nein, nein.
Sie:	Du mußt es hören.
Er:	Soll ich nochmal ins Dorf fahren?
Hebamme:	Ruhe, atmen. Es klopft ganz gleichmäßig. Wird wahrscheinlich ein Mädchen. Jungens halten nicht so gut durch.
Sie:	Geben Sie ihm das Hörrohr. Du sollst hören, sage ich.
Er:	Ja . . .
Hebamme:	Weiter hinunter, auf den Bauch, noch weiter hinunter. Ja, dort.

(aufblendendes Pochen, Frequenz 150 pro Minute)

Er:	Ich höre es.
Sie:	Es kommt wieder!
Hebamme:	Atmen, ruhig atmen.
Sie:	(stöhnend) Es kommt . . .!
Hebamme:	Halten Sie ihr das andere Bein hoch.
Sie:	(stöhnt)
Er:	Ich?
Hebamme:	Höher! Zu sich herziehen! Auseinander!
Sie:	(stöhnt, gepreßter Schrei)
Hebamme:	Nicht schreien, atmen.
Sie:	Ich zerreiße!
Hebamme:	Nicht schreien, hecheln, die Schmerzen wegatmen.
Sie:	(hechelt)
Hebamme:	Ich muß schneiden. Geben Sie mir die Schere vom Stuhl. (Instrumentengeklapper auf Glas)

Sie merkt nichts. Halten Sie doch ihr Bein
fest!
Sie: (Hechelt, hört auf)
(Schnitt wie durch Karton)
Sie: Nein . . . nein . . .
Hebamme: Hecheln, hecheln.
Sie: (hechelt)
Hebamme: So ist's recht. Und jetzt pressen.
Sie: (preßt)
Hebamme: Pressen, fester pressen . . .!
Sie: (preßt)
Hebamme: Jetzt . . .!
Sie: (preßt, hört auf)
Er: (geflüstert) Ein Kopf! Ein grauer, nasser
            Kopf! Aus der Kreidezeit!
Sie: . . . Ja! . . . (stöhnt jubelnd)

5.

(weiter Raum, Regen)
Sie: Es war so schön und jetzt regnet es.
Er: Da schießt die Frucht in die Höhe.
Sie: Das Dach vom Hochstand leckt.
Er: Kriech ganz nah zu mir.
Sie: Danke, es reicht schon.
Er: Näher. Deine Haare sind naß.
Sie: Ach, jetzt gehen wieder alle Wellen heraus.
            Heute morgen habe ich sie frisch gelegt.
Er: Hast du gewußt, daß wir uns treffen?
Sie: Du brauchst nicht so mit deinem Arm zu
            drücken.
Er: Ich passe auf, daß dir nichts passiert.
Sie: Ja, ja, du bist stark. Du hast breite Schultern

	und einen großen Adamsapfel. Man könnte Angst vor dir kriegen.
Er:	Wo habe ich einen . . . Apfel?
Sie:	Die bewegliche Kartoffel am Hals.
Er:	(hustend) Au! Das tut doch weh!
Sie:	Entschuldigung. Habe ich nicht gewußt.
Er:	Du kannst nicht einfach da draufdrücken! (hustet)
Sie:	Es hat mich gereizt.
Er:	Ich lange dir doch auch nicht einfach . . .
Sie:	Wohin? Wo willst du hinlangen?
Er:	An deine Füße zum Beispiel.
Sie:	Na ja, wenn du willst. Den linken oder den rechten? Kalt sind sie alle beide. Zieh mir bitte die Schuhe aus.
Er:	Soll ich?
Sie:	Gib auf meine Seidenstrümpfe acht. Großvater hat mir nur ein Paar mitgebracht.
Er:	Seidenstrümpfe! So was gibt's bei uns nicht.
Sie:	Aber nicht kitzeln, reiben.
Er:	Streck das Bein. Mmh, das gibt ein Gefühl in der Hand!
Sie:	Reiben, habe ich gesagt, nicht streicheln.
Er:	(mit Anstrengung) Du . . . mußt . . . warme . . . Füße . . . bekommen . . .
Sie:	Es reicht! Es reicht! Nur die Zehen waren kalt.
Er:	Ich kann schon noch.
Sie:	Glaube ich dir. Jetzt bin ich dran. Gib deine Füße her.
Er:	Das geht nicht.
Sie:	Gib einen Fuß her!
Er:	Laß meinen Fuß los! Bitte lasse ihn . . .
(Regen hört auf, Pause)	
Sie:	Ja, ich lasse deinen Fuß los. Es geht wirklich nicht.

Er:	Du bist ungerecht. Ich muß jeden Morgen in den Stall, dann habe ich im Garten zu tun ...
Sie:	Zieh deine Socken aus und hänge sie über die Zweige. Der Regen wird sie ...
Er:	(fröhlich) Es hat aufgehört zu regnen!
Sie:	Da hast du noch einmal Glück gehabt.

(Gänsegeschnatter und Hundegebell)

| Er: | Was ist denn da wieder los! |
| Sie: | Schau doch, der Hund! So ein großes Vieh! |

(Schritte)

| Er: | (entfernt) Läßt du das sein! Los, hau ab! |

(Gänsegeschnatter und Hundegebell entfernt sich)

Er:	Ich habe ihm gesagt, daß ich diesen scheußlichen Hund, oder was das sein soll, nicht gebrauchen kann, aber nein, der Dickkopf will, daß ich ihn ausprobiere.
Sie:	Dein Großvater?
Er:	Jetzt sind die Gänse wieder weg. Aber ich rühre keinen Finger.
Sie:	Sie kommen schon wieder.
Er:	Vor einer Woche hat es der Köter mit ein paar Hühnern genau so gemacht. Eines hat er gleich zerrissen und die anderen durch die Hecke und immer weiter gejagt.
Sie:	Was ist hinter der Hecke? Gehört sie noch dir?
Er:	Keines der Hühner kam zurück. Ich schinde mich ab, baue neue Ställe mit Nestrutschen, damit die Eierlegerei sich endlich mal lohnt, aber Großvater pfuscht dazwischen. Man muß ökonomisch denken und nicht alles durcheinanderwachsen und sich bespringen lassen.
Sie:	Schon recht, ich verstehe.
Er:	Weißt du, was ein Muli ist?
Sie:	Nein.

Er:	Wußte ich auch nicht. Gab es vorher nicht in meinem Garten. Aber jetzt habe ich eines.
Sie:	Ein Muli?
Er:	Klein, zottig, häßlich. Kein Pferd, kein Esel, eben ein Muli. Es soll gut fürs Gebirge sein, behauptet Großvater. Mein Garten ist aber flach.
Sie:	Oh, ich sehe einen Berg! Zwischen den Zweigen, schau doch! Weit weg mit spitzigen Felsen und – siehst du es? – oben liegt Schnee, blauer Schnee?
Er:	Das ist ein Gletscher.
Sie:	Was ist das?
Er:	Viel Eis. Großvater hat mir einmal eine Eselstute geschenkt. Sie ist ein braves Tier. Wenn ich Wasser auf den Schwemmfeldern brauche, binde ich ihr einen Sack vor die Augen und lasse sie den ganzen Tag um die Pumpe laufen.
Sie:	Warst du auf dem Berg?
Er:	Was soll ich dort? Auf Felsen und Eis wächst nichts.
Sie:	Ich möchte wissen, was auf dem Berg ist.
Er:	Plötzlich war die Eselin trächtig. Einen männlichen Esel besitze ich aber nicht. Ich frage dich, wer kann die Eselin gedeckt haben?
Sie:	Mir egal.
Er:	Ich habe alles überlegt und nichts gefunden. Es konnte bei dem weiblichen Esel eigentlich nur von selbst eingetreten sein, weil das Tier es sich gewünscht hat.
Sie:	Wenn ich das meinem Großvater erzähle, lacht er sich schief. In deinem Garten geht es wirklich merkwürdig durcheinander.
Er:	Eines Morgens, ich gehe in den Stall, kommt mir der Hengst entgegen. Hat sich der Kerl losgerissen, denke ich und gebe ihm eins drü-

ber. Doch das Halfter ist in Ordnung, nichts abgeschnitten, nichts gerissen. Ich habe es wieder vergessen. Als die Eselin einen dicken Bauch bekam, habe ich Großvater gefragt. So, losgerissen hat sich der Hengst, sagte er, kannst du mir schnell die Eselin leihen, ich muß Brennholz für die Brutöfen holen.

Sie: Klarer Fall. Er wollte nachsehen, wie weit die Eselin ist.

Er: Genau! Derart hinterlistig probiert er seine Ideen aus. Doch das Muli, das die Eselin geworfen hat, ist ein unnützes Tier, eine Mißgeburt. Diesmal hat der Alte Pech gehabt.

Sie: Hat es fünf Beine?

Er: Nein, es ist normal, *das* Muli. – Merkst du nichts?

Sie: Es soll doch gut fürs Gebirge sein. Komm, wir steigen auf den Berg und nehmen es mit.

Er: *Das* Muli?

Sie: Ja, *das* Muli. Falscher Plural. Muß der Mulo oder die Mula heißen.

Er: *Das* Muli kann keine Jungen kriegen, von keinem Pferd, von keinem Esel, von niemandem. Es ist neutral, *das* Muli. Er wird alt, mein Großvater, verliert die Übersicht und bringt Pferd und Esel durcheinander.

Sie: Vielleicht wollte er dich ärgern. Dem armen Tier hat er jedoch Unrecht getan. Es kann nie Gefühle haben.

Er: Es ist zufrieden. Es weidet auf meinen Wiesen und steht bei Regen unter meinen Bäumen.

Sie: Nicht so pomadig, mein Lieber. Ich will endlich wissen, was mit dem Berg los ist.

Er: Unten hat's Gestrüpp, dann kommen Felsen, du mußt klettern . . .

Sie:	Vielleicht gibt es in dem Berg eine Höhle mit gelbem und rotem Licht. Von der Decke hängen Smaragde, Amethyste, Porphyre . . . Vom Boden wachsen Korallen hoch . . . Vielleicht finden wir Amulette?
Er:	Alles Märchen.
Sie:	Mein Großvater ist schon über viele Gebirge gereist. Nie nimmt er mich mit, der Egoist.
Er:	Vernünftig.
Sie:	Wir könnten eine richtige Landpartie machen. Ich setze mich mit einem Sonnenschirm auf das Muli, und du gehst voraus.
Er:	Reiten kannst du auch hier. Ich gebe dir meinen besten Ackergaul.
Sie:	Im Garten macht es keinen Spaß. Nichts als Landwirtschaft.
Er:	Was du von hier oben siehst, ist nur ein kleiner Teil. Hinter dem Steinbruch geht es weiter.
Sie:	Was kommt dann? Warst du schon dort? Was kommt nach deinem Garten?
Er:	Schau dir das Haferfeld an, das Kartoffelfeld. Schnurgerade Reihen. Und der Sommerroggen steht schon kniehoch. Am Bach drüben die Feuerbohnen. Ich habe extra Gerüste gebaut zum dran Hochziehen, damit die Schoten bei Regen nicht im Dreck liegen.
Sie:	Ja, du bist fleißig. Es sieht alles wunderbar ordentlich aus.
Er:	Beim Pflügen muß man ein gutes Augenmaß haben, sonst verrutscht der ganze Acker und die Furchen schwänzeln hin und her.
Sie:	Hast du einen Feldstecher?
Er:	Einen was?
Sie:	Ein Fernrohr, ein Fernglas, eine Art dicke Brille, mit der man weit sieht.

Er:	Ich brauche keine Brille, ich sehe auf zwei-hundert Meter eine Fliege.
Sie:	Dann hast du im Sommer aber viel zu tun. Schau bitte zum Berg, Habichtsauge. Siehst du ein Wurzelmännchen?
Er:	Natürlich nicht.
Sie:	Oder eine Nebeldame?
Er:	Kinderei.
Sie:	Aber einen Riesen siehst du, der Goldklumpen zählt?
Er:	Ich sehe nichts als einen Berg mit Schnee darauf.
Sie:	Wir nennen ihn Mons Alba.
Er:	Verstehe ich nicht.
Sie:	Heißt Müllerberg. Wenn Großvater unterwegs ist, gibt er allen Bergen und Flüssen Namen und trägt sie in seine Karten ein.
Er:	Meiner sagt nicht mal guten Morgen. Er hustet und kaut Zuckerrohr.
Sie:	Schau nochmal, so scharf du kannst. Erkennst du einen Pfad?
Er:	Ich sehe einen Wasserfall.
Sie:	Siehst du Wegzeichen? Rote Kreise oder blaue Pfeile?
Er:	Nichts.
Sie:	Ausgezeichnet! Auf dem Berg war noch niemand. Du könntest eine Erstbesteigung machen.
Er:	Was habe ich davon?
Sie:	Du kletterst hoch, und ich warte beim Wasserfall. Vielleicht hat er eine Goldader freigewaschen. Komm, wir gehen.
Er:	Der Berg sieht gefährlich aus.
Sie:	Du mit deinem braunen Hals und deinen kurzen Beinen, du bist doch ein alpiner Typ. Für dich ist es eine Kleinigkeit. Und wenn du

	oben bist, schreibst du deinen Namen auf ein Stück Holz und daß du den Berg Mons Alba getauft hast.
Er:	Das war dein Einfall.
Sie:	Dann schreibst du meinen Namen eben mit drauf. Komm, wir müssen gehen.
(Schritte)	
Er:	Nicht so schnell!
Sie:	(entfernt) In jedem Berg gibt es Goldklumpen und Edelsteine.
Er:	Warte, ich halte dir die Strickleiter fest.
Sie:	(entfernt) Komm, ich bin schon beinahe unten!

6.

	(enger Raum, Bohrmaschinengeräusch)
Sie:	Was machst du da?
Er:	Das siehst du doch.
Sie:	(laut) Ich verstehe nichts!
Er:	Ich bohre.
Sie:	Das merke ich auch.
Er:	Fürs Dach nehme ich Aluminium, das wird dicht halten. Rote und weiße Farbe habe ich auch gekauft.
Sie:	Du bist schon beim Dach?
Er:	In zwei Tagen steht der Milchpilz.
Sie:	Wie willst du den fertigen Stand auf den Berg hinauftransportieren? Hast du einen Lastwagen? Der kostet doch auch wieder. Ich habe dir gesagt, die einzelnen Teile in der Werkstatt vorbereiten, dann den Pilz erst auf dem Berg zusammenbauen. Hast du so viel Kraft, daß du ihn fertig hinauftragen kannst? Aber bitte, du weißt es sicher besser.

31

Er:	Er kommt nicht auf den Berg,
Sie:	Wir hatten ausgemacht, daß dort der beste Platz ist.
Er:	Ich stelle ihn vor dem Dorf auf. Die paar hundert Meter bis dorthin kann ich ihn allein auf Holzrollen schieben.
Sie:	So ein Unsinn! Dort kommt niemand vorbei. Die Straße ist nicht einmal asphaltiert. Glaubst du, ich stelle mich den ganzen Tag umsonst in den Stand?
Er:	Der Postomnibus fährt zweimal vorbei, und die Kinder vom Dorf kaufen sicher auch etwas, Eis oder Schokolade.
Sie:	Die Dorfkinder! Als ob die Geld hätten! Lächerlich! Und die Milch? Glaubst du, die Bauern spazieren zu unserem Kiosk, um Milch zu kaufen? Die haben sie selber.
Er:	Mixmilch kennen sie nicht. Es gibt auch noch den Lehrer, und in der Wirtschaft übernachten oft Fremde.
Sie:	Alles keine Kundschaft.
Er:	Wenn ich den Milchpilz vor dem Dorf aufstelle, brauche ich keine Konzession.
Sie:	Warst du beim Bürgermeister?
Er:	Ja, war ich. Er hat nichts dagegen und Geld will er auch nicht für das Stück Wiese neben der Straße.
Sie:	Warst du beim Molkeheinrich?
Er:	Nein.
Sie:	Das habe ich mir gedacht.
Er:	Ich geh nicht zu ihm.
Sie:	Der Bürgermeister hat nichts zu sagen, auf den Molkeheinrich kommt es an.
Er:	Er hat behauptet, ich hätte Fehler in der Buchhaltung gemacht, als die Prüfungskommission gekommen ist. Nur damit er gut da-

	steht, hat er mich vor allen fristlos entlassen.
Sie:	Er hat sich doch entschuldigt. Er war eben nervös.
Er:	Er verkauft seine alte Butter und seinen Magerkäse über die Grenze, und ich soll ihm die Bücher frisieren, damit er trotzdem die Prämie für Inlandswaren bekommt.
Sie:	Sicher, das war nicht recht von ihm, aber er will dich doch wieder einstellen, sogar für hundert Mark mehr.
Er:	Ich bin ein guter Buchhalter, ich habe keine Fehler gemacht.
Sie:	Das weiß er auch. Es war nur wegen der Prüfungskommission.
Er:	Ich will nichts mehr mit ihm zu tun haben.
Sie:	Er hat acht Molkereien, und du hast nichts.
Er:	Ich brauche seine Milch nicht.
Sie:	Alle Bauern sind in seiner Genossenschaft.
Er:	Wir kommen auch so durch.
Sie:	Ja, mit einem Milchpilz ohne Milch einen halben Kilometer vor einem Dorf, das niemand kennt.
Er:	Das ist mir egal.
Sie:	Der Molkeheinrich hat versprochen, daß er dir die Konzession für den Berg verschafft. Nur auf dem Parkplatz an der Paßstraße kann man ein Geschäft machen. Jeder Omnibus hält dort, damit die Leute den Wasserfall von oben photographieren können. Wir müßten auch Ansichtskarten und Farbfilme führen. Geh doch zum Molkeheinrich. Er gibt dir auch Kredit für einen richtigen Stand mit Leuchtschrift.
Er:	Ich baue meinen Kiosk allein.
Sie:	Du bist ein Feigling.

(Bohrmaschinengeräusche)

Sohn:	(entfernt) Papa! Papa! Papa, ich will auch ein Fahrrad.
Er:	Was, ein Fahrrad?
Sohn:	In der Kreisstadt gibt's alte Fahrräder für zwanzig Mark. Ich will auch eins.
Er:	Ich habe kein Geld. Geh spielen.
Sohn:	Sechs aus der Klasse haben schon ein Fahrrad. Sogar ein Mädchen hat eines gekriegt.
Er:	Geh spielen.
Sohn:	Ich will auch Wettrennen machen.
Er:	Ich habe kein Geld! (Schläge auf Blech) In dem Aluminium hier, da steckt dein Fahrrad drin. Und jetzt mach, daß du rauskommst!
Sohn:	Ich will ein Fahrrad.
Sie:	Nun, geh schon.
Sohn:	Ich geh ja schon! Aber ich komme nie mehr wieder!
Sie:	Soll ich nochmal mit dem Molkeheinrich sprechen?
Er:	Nein.
Sie:	Du hast Angst.
Er:	Ich weiß doch, was los ist.
Sie:	Das ist nicht wahr.
Er:	Und die neuen Schuhe und die Handtasche?
Sie:	Frage ihn doch. Aber davor hast du auch Angst. Du hast die Abrechnungen und die Bücher nur aus lauter Ängstlichkeit gefälscht. Wenn der Molkeheinrich dir was befiehlt, dann fängst du an zu zittern.
Er:	Der Milchpilz kommt vor's Dorf!
Sie:	Nein, an die Paßstraße!

(Bohrmaschinengeräusche)

7

(Weiter Raum, entfernt Vogelgezwitscher)

Er: Du bist schuld!

Sie: Nein, du!

Er: Nein, du!

Sie: Zuerst warm, dann Regen und jetzt sticht die Sonne wieder.

Er: Wenn alle Brutöfen in Betrieb sind, bilden sich Wolken über dem Weiher.

Sie: Wir könnten schon auf tausend Meter Höhe sein.

Er: Mir genügt mein Hochstand.

Sie: Du bist schwach.

Er: Gewissenhaftigkeit ist nicht Feigheit. Eine Expedition muß man gründlich vorbereiten. Wir hätten Gummimäntel gebraucht, Eispikkel, Sturmlaternen, fünfhundert Meter rote Lawinenschnur . . .

Sie: Alles Ausrede.

Er: Sonst hätten wir den Weg verloren und wären elend zugrunde gegangen.

Sie: Es ist doch eine Erstbesteigung! Da gibt es keinen Weg.

Er: Und wer hätte die ganze Ausrüstung schleppen sollen? Ich vielleicht?

Sie: Das Muli.

Er: Du wolltest doch darauf reiten?

Sie: Ich setze mich nicht auf so einen störrischen Esel.

Er: Kein Esel, eine Kreuzung aus Pferd und Esel.

Sie: Kreuzungen sind gefährlich, leiden meistens unter Spannungen. Du hast ja nicht einmal das Zaumzeug über seinen Kopf gebracht.

Er: Weil du ihn losgelassen hast! Aber derweil sich unter einen Baum hocken und unseren

	Proviant aufessen, während ich mich allein plagen muß.
Sie:	Das Brot war schön locker und dunkel.
Er:	Habe ich selbst gebacken.
Sie:	Die Butter war versalzen.
Er:	Sonst hält sie nicht. Ohne Konserven wären wir nicht weit gekommen. Überhaupt, ich kann meinen Garten nicht allein lassen, ich habe meine Pflichten.
Sie:	Was ist das?
Er:	Eine Aufgabe, ein Ziel, eine lohnende Anstrengung.
Sie:	Kenne ich nicht. Ich will mich amüsieren.
Er:	Was ist das?
Sie:	Zieh dein Hemd aus und leg dich hin.
Er:	Warum?
Sie:	Nun mach schon! Hast du einen Brustkasten!
Er:	Und jetzt?
Sie:	Leg dich neben mich und knöpf mir die Bluse auf.
Er:	Muß das sein?
Sie:	Das Zeremoniell ist wichtig. So, und nun schieb mir den Rock höher. Ich will braune Kniekehlen bekommen.
Er:	Verstehe ich nicht.
Sie:	Wir erheitern uns jetzt. Ist das zu kompliziert für dich? Ach, man liegt schön bei dir. Die Bretter sind allerdings hart, aber sicher gesund.
Er:	Du hast ein durchsichtiges Ohr. (bläst)
Sie:	Nicht kitzeln!
Er:	So ein Ohr sieht umständlich aus. Drei Windungen, und dann geht es erst hinunter. (leise) Hörst du mich?
Sie:	(leise) Ja, ich höre dich.
Er:	(leise) Ich bin in deinem Ohr.

Sie:	(verhallt) Du mußt tiefer hinein.
Er:	(verhallt) Ich sehe rote Tafeln, Kristalle, goldene Zapfen . . .!
Sie:	Na, na . . .!
Er:	Bleib liegen.
Sie:	Du bohrst mir deine Nase ins Ohr.
Er:	Wir wollen uns doch amüsieren.
Sie:	Nicht mit aller Kraft. Die laß bitte an deinen Äckern aus.
Er:	Ich kann ein einjähriges Kalb über der Schulter tragen.
Sie:	Das hilft uns nicht weiter.
Er:	Ich kann dich vom Hochstand hinunterwerfen oder an einen Ast binden und dann den Baum umsägen.
Sie:	Möglich. Du kannst mir auch die Arme brechen und mich erwürgen.
Er:	Aber ich tu's nicht.
Sie:	Das weiß ich nicht. Wir haben noch nichts ausprobiert.
Er:	Ich kann deine Schuhe fortwerfen und deinen Rock zerreißen.
Sie:	Und ich kann an deinen Hals fassen und deinen Rücken streicheln.
Er:	Ich kann dich hochstemmen oder zu Boden drücken.
Sie:	Und ich kann die Augen zumachen und mit wenig Luft auskommen.
Er:	Soll ich dich massieren?
Sie:	Natürlich.
Er:	Manchmal kommen Leute, um den Garten zu besichtigen.
Sie:	Ich sehe niemanden, außerdem sind wir hoch oben.
Er:	Und Großvater?
Sie:	Ich denke, er stochert in seinen Brutöfen. Ich

	habe keine Angst vor einem rußigen, alten Mann.
Er:	Er ist unberechenbar.
Sie:	Taktik, um Respektsperson zu bleiben. Warst du noch nie mit einem Mädchen zusammen?
Er:	Du bist der erste Besuch. Ich habe immer so viel zu tun.
Sie:	Sich verlustieren, ist genau so wichtig. Zu zweit kann man es besser.
Er:	Großvater hat gesagt . . .
Sie:	Großvater! Ich möchte dir nicht erzählen, was meiner manchmal sagt. Du würdest es nicht begreifen.
Er:	Ich bin nicht dumm.
Sie:	Du mußt endlich hier heraus, weg. Küß mich.
Er:	Was soll ich?
Sie:	Deine Lippen auf meine Lippen legen.
Er:	Ich bin doch kein Vogelmännchen.
Sie:	Du sollst mich nicht füttern, sondern küssen.
Er:	Gehört das dazu?
Sie:	Es ist der Anfang.
Er:	Soll ich?
Sie:	Ja.
Er:	Ja?
Sie:	Ja, doch!
Er:	Bitte . . .

(Wind und Vogelzwitscher . . .)

8.

(Enger Raum, Nähmaschine rattert)
Er: Muß das sein?
(Nähmaschine rattert)
Sie: Ja, das muß sein.

Er: Diese Nähmaschine ist unerträglich. (Nähmaschine rattert) Einfach lächerlich unerträglich.
(Nähmaschine rattert)

Sie: Dann geh hinaus.

(Nähmaschine rattert)

Er: Es ist lächerlich.

(Nähmaschine rattert)

Sie: Was?

Er: Ich kann doch am Tage nicht ins Schlafzimmer.

(Nähmaschine rattert)

Sie: Dann geh in die Küche oder in den Korridor.

(Nähmaschine rattert)

Er: Du bist ungerecht!

(Nähmaschine rattert)

Sie: Ich muß nähen.

(Nähmaschine rattert)

Er: Weder im Schlafzimmer noch in der Küche,
noch im Korridor steht ein Stuhl, der für mich
geeignet ist.

(Nähmaschine rattert)

Sie: Dann nimm deinen Korbsessel aus dem
Wohnzimmer.

Er: Das ist lächerlich.

Sie: Dann geh spazieren.

Er: Ich mache erst abends meinen Rundgang. Das
weißt du doch.

Sie: Ich muß jetzt nähen.

(Nähmaschine rattert)

Er: Es tut wieder weh.

(Nähmaschine)

Sie: Wie bitte?

Er: Ich stoße wieder sauer auf.

Sie: Iß was.

Er: Ich möchte nicht vorgreifen. Ich warte, bis du
gekocht hast.

Sie:	Das dauert heute. Ich will zuerst fertignähen.
Er:	Egoistisch! Wir haben an allen Fenstern doppelte Vorhänge, überall liegen Tischdecken, die Schränke sind voll Bettbezüge und die Stühle haben Wechselschoner.
Sie:	Ich muß ausbessern. Außerdem sind die Vorhänge zu lang. Aber davon hast du keine Ahnung.
Er:	Ich bemühe mich, schließlich waren die Vorhänge letztes Jahr zu kurz.
Sie:	Stört es dich?
Er:	Ich habe mich entschieden, daß es mich nicht stört.
Sie:	Das ist es ja!

(Nähmaschine rattert)

Er:	Du solltest... (Nähmaschine rattert, dann Stille) ... du solltest in die Vorhänge überall Druckknöpfe einnähen. Das ist zwar eine komplizierte Arbeit, aber sie würde dir für die nächsten Jahre das Kürzen und Verlängern ersparen.
Sie:	Druckknöpfe? Lächerlich.

(Nähmaschine rattert)

Er:	Ich habe einen eigentümlichen Geschmack im Mund.

(Nähmaschine rattert)

Sie:	Was hast du?
Er:	Mein Speichel schmeckt wie gezuckert, aber wenn ich ihn hinunterschlucke, schmeckt er bitter. Schlucken muß ich jedoch irgendwann.
Sie:	Setz dich anders hin.

(Nähmaschine rattert)

Er:	Zum Donnerwetter!
Sie:	Stört dich die Nähmaschine?
Er:	Das weißt du doch!
Sie:	Dann höre ich auf.

Er:	Mach mir aber keine Vorwürfe.
Sie:	Ich kann nichts dafür, daß ein alter Mann meistens nicht nähen kann.
Er:	Lächerlich.
Sie:	Dann laß mich in deinem Sessel sitzen.
Er:	Du weißt doch, daß ich meinen Bauch flach lagern muß, sonst tut mir wieder alles weh.
Sie:	Du bist zu dick.
Er:	Ich bin an der Grenze der Magerkeit. Noch weniger Gewicht würde meine Substanz gefährden.
Sie:	Ich bin auch mager.
Er:	Du bist eine alte Frau. Je magerer du bleibst, desto älter kannst du werden.
Sie:	Wir sind gleich alt.
Er:	Aber wir haben nicht dieselben Chancen.
Sie:	Daran denke ich nicht.
Er:	Ich auch kaum.
Sie:	Dann bleib sitzen.

(Nähmaschine rattert)

Er:	Jetzt ist der Speichel wieder normal.

(Nähmaschine rattert)

Sie:	Was ist?
Er:	Komisch, aber ich stoße nicht mehr sauer und nicht mehr süß auf.
Sie:	Schau auf die Uhr.

(Nähmaschine rattert, Türglocke, Nähmaschine hört sofort auf)

Sie:	Es hat geklingelt.

(Pause, Türglocke)

Er:	Ich höre immer noch ausgezeichnet.
Sie:	Ich habe eine gegenläufige Kreuznaht in der Maschine, ich kann nicht aufstehen.
Er:	(mühsam, Korbsessel knirscht) Wenn ich aufstehe, hat es natürlich keinen Zweck mehr, daß ich auf die Uhr sehe. Beim Gehen reagiert die Magensäure ganz anders.

(Schritte, Tür geht, Nähmaschine rattert, Pause, rattert, Pause, Tür zu)

Er:	Bitte sehr.
Fahrer:	Guten Tag auch.
Sie:	Ja, bitte?
Er:	Wollen Sie sich nicht setzen? Hier, gleich auf den Stuhl.
Fahrer:	Danke, nein. Ich komme vom Krankenhaus.
Er:	Oder vielleicht in den Korbsessel?
Fahrer:,	Ich soll Sie abholen.
Sie:	Wen wollen Sie abholen? Meinen Mann?
Fahrer:	Ich bin der Fahrer. Ich habe draußen den Krankenwagen stehen.
Er:	Das muß ein Irrtum sein.
Fahrer:	Sie sind doch das letzte Haus nach dem Dorf?
Er:	Ja.
Fahrer:	Dann stimmt's. Ich soll Sie abholen.
Er:	Mich? Unmöglich.
Fahrer:	Moment mal. (Papier raschelt) Ja, im Laufzettel steht, männlich.
Er:	Lächerlich. Was soll ich im Krankenhaus?
Fahrer:	Sie sind nicht krank? Haben Sie darüber eine ärztliche Bescheinigung?
Sie:	Der Dorfarzt ist schon lange tot. Ist sowieso immer zu spät gekommen.
Fahrer:	Im Laufzettel steht, ich soll Ihren Mann abholen. Draußen wartet das Auto.
Er:	Ob Krankenhaus oder nicht, entscheide, hoffe ich, immer noch ich.
Fahrer:	Sie können sich vorn zu mir setzen, aber, wenn Sie wollen, können Sie sich auch hinten auf die Bahre legen. Mir ist das egal.
Er:	Lächerlich.
Fahrer:	Ich habe nicht viel Zeit. Wir müssen fahren, es sind etliche Kilometer ins Kreiskrankenhaus.

Er:	Ich will nicht ins Krankenhaus!
Fahrer:	Die älteren Patienten holen wir meistens ein paar Tage vor der Operation ab, denn sie müssen mit Medikamenten vorbereitet werden . . . Das dauert.
Er:	Ich werde nicht operiert.
Fahrer:	In welcher Kasse sind Sie?
Sie:	Wir haben eine Rente.
Er:	Ich bitte dich!
Fahrer:	Bei Rente sind Sie in der Allgemeinen Ortskrankenkasse. Diese Patienten schieben wir dazwischen.
Sie:	Aber die Operation ist doch nicht sofort?
Fahrer:	Davon steht nichts auf meinem Laufzettel.
Er:	Ihr Zettel ist falsch.
Fahrer:	Haben Sie Ihr Zeug schon gepackt?
Er:	Ich packe nicht!

(Nähmaschine rattert)

Sie:	Der Koffer steht im Schlafzimmer. (Nähmaschine rattert) Der hellbraune Ferienkoffer.
Fahrer:	Gut, dann hole ich ihn.

(Schritte, Tür geht)

Er:	Du hast davon gewußt?
Sie:	Ich habe nicht gewußt, wann.
Er:	Die Operation ist noch nicht nötig. Ich fühle es doch.

(Nähmaschine rattert, Pause, Schritte)

Fahrer:	Ja, dann wollen wir mal! Besuchszeiten sind, außer mittwochs, Montag bis Freitag 17 bis 18 Uhr, Samstag 16 bis 18, sonntags von . . .
Sie:	Weiß ich.
Er:	Das ist nicht mein Koffer.
Sie:	Ich habe dir meinen gepackt, weil er größer ist. Es ist alles drin, was du brauchst.
Er:	Ich verstehe das nicht.
Fahrer:	Frauen packen immer richtig. Sie wissen, was

man im Krankenhaus braucht. Also Opa, gehen wir.

Er: Lassen Sie meinen Arm los!

Fahrer: Sie brauche ich nicht auf die Trage zu legen.

(Schritte, Nähmaschine rattert, Pause, Tür fällt zu, Nähmaschine rattert, Pause, entfernt abfahrendes Auto.)

9.

(weiter Raum, entfernt Vogelgezwitscher)

Sie: (seufzend) . . . schade . . .!

Er: Bist du unglücklich?

Sie: Natürlich nicht.

Er: Ich fürchte, wir müssen jetzt unglücklich sein.

Sie: Aberglaube. Ich bin nur müde und Rücken-
            schmerzen habe ich. Das nächste Mal will ich,
            daß ein dicker Teppich in deinem Hochstand
            liegt.

Er: (gähnend) Ich brauche keinen Teppich.

Sie: Ja, du!

Er: Fabelhaft. Zu zweit ist es angenehmer.

Sie: Ich habe Durst.

Er: Unten hätte ich Limonade. Aber ich bin zu
            faul.

Sie: Gerade jetzt mußt du dich von der galanten
            Seite zeigen, du Egoist.

Er: Galant?

Sie: Höflich, liebenswürdig, verständnisvoll.

Er: Aha! Gestattest du, daß ich mich mit meinem
            Hemd bekleide?

Sie: Nein, ich gewähre nicht.

Er: Eine Jacke besitze ich nicht mehr, ist mir in
            die Häckselmaschine geraten.

Sie: Sei still und leg dich wieder hin.

Er:	Bitte sehr.
Sie:	Nein, nicht auf den Bauch, auf den Rücken. Ich brauche dich als Polster. Spann deine Brustmuskeln an, damit mein Kopf drauf Platz hat. Ja, so! Ah, von mir aus kann der Hochstand jetzt auseinanderbrechen, ich bleibe liegen.
Er:	Ich auch.
(Sie seufzen beide.)	
Er:	(schnüffelnd) Du riechst gut.
Sie:	Unmöglich!
Er:	Es riecht nach . . .
Sie:	Keine Vergleiche, bitte.
Er:	Du duftest nach Stall.
Sie:	Und du stinkst wie dein Hemd.
Er:	Ich habe es doch gewechselt.
Sie:	Du riechst so, weil du immer nach Schweiß riechst und wieder nach deinem Hemd.
Er:	(gähnend) Verstehe ich nicht.
Sie:	Das können nur Frauen begreifen. Jetzt aber Ruhe.
(Pause, entferntes Klopfen)	
Er:	Ein Specht.
Sie:	Wo?
Er:	Schräg über uns.
Sie:	Was macht er?
Er:	Er hackt in die Rinde und sucht nach Insekten.
Sie:	Da hat er aber viel zu tun, bis er satt ist. Kriegt er keinen stumpfen Schnabel davon?
Er:	Weiß ich nicht.
Sie:	Endlich mal etwas, was du nicht weißt aus der Landwirtschaft.
Er:	Großvater sagt, das sei der Totenvogel.
Sie:	Noch nie gehört.
Er:	Ich weiß auch nicht, was er damit meint.

Sie:	Toten? Totem? Totemteram? Vielleicht latei-nisch. Man kann es deklinieren.
Er:	(gähnend) Liegst du gut?
Sie:	Sehr gut. Deine Brustmuskeln sind ideal.
Er:	Eigentlich sollte ich jetzt in den Stall zum Melken. Ich habe keine Lust. Jeden Tag diese Tyrannei. Soll er doch sein Mustergut selbst verwalten. Ich mag nicht mehr.
Sie:	Zeit, daß du es merkst.
Er:	Schlafen.
Sie:	Ja.

(Sie gähnen beide und atmen dann ruhig.)

10.

(enger Raum, Klopfen auf Holz, Pause, ungeduldiges Klopfen)

Er:	Verstell dich nicht. – He! – (Klopfen) Ich sehe dich doch liegen.
Sie:	Störe mich nicht.
Er:	Liegst du bequem?
Sie:	Ich bin es noch nicht gewohnt. Das Papierkis-sen ist so fad.
Er:	Eine dumme Sitte. Mir haben sie sogar ein Papierhemd angezogen. Einfach lächerlich.
Sie:	Zu dem hat es bei mir nicht mehr gereicht. Ich mußte im Tabakladen und in der Dorfwirt-schaft deine Schulden bezahlen. Ich liege nur unter Servietten.
Er:	Mit Ornamenten?
Sie:	Nicht einmal gesäumt. Mir ist aufgefallen, daß in der Wirtschaft eine junge Kellnerin bedient hat.
Er:	Unwichtig. Ich wollte ein bißchen angeben.

Sie:	Ich nehme es dir nicht übel.
Er:	Nett, daß wir nebeneinander liegen.
Sie:	Ja, sehr nett.
Er:	Ich hätte nicht gedacht, daß du so bald kommst.
Sie:	Immerhin einen Monat.
Er:	Ich glaubte, eine Stunde, höchstens zwei. Hier gerät einem das Zeitempfinden durcheinander.
Sie:	Hast du deinen Magen dabei?
Er:	Holzwolle.
Sie:	Ja, es war ein hoffnungsloser Fall.
Er:	Und du, hast du deine Vorhänge fertignähen können?
Sie:	Das ist es ja, was mich erbittert! Sobald du weg warst, hat es mir keinen Spaß mehr gemacht.
Er:	Das habe ich erhofft. Es fehlte der gewohnte Widerstand. Ein leidiges Altersproblem.
Sie:	Ach, ich bin nicht böse drum. Jetzt genieße ich endlich Ruhe. Ich habe diese Vorhänge gehaßt.
Er:	Ich dachte, mich.
Sie:	Dich nur in Verbindung mit den Vorhängen, weil mir nichts anderes eingefallen ist.
Er:	Es hat mich immer mit wehmütiger Bewunderung erfüllt, wie du deinen Mangel an Intelligenz durch Vitalität ersetzt hast.
Sie:	Ich habe es einen Monat länger geschafft.
Er:	Das ist nur ein Beweis für meine Feststellung.
Sie:	Endlich sind diese Anstrengungen vorüber. Ich habe Ruhe dringend nötig.
Er:	Ja, Ruhe und keine Angst mehr.
Sie:	Der Kohlenkeller.
Er:	Der Arzt, der nicht kam, und das Kind.
Sie:	Der Molkeheinrich.

Er:	Psst, ich will nichts mehr darüber hören.
Sie:	Ich bin froh, daß unser Sohn ausgewandert ist.
Er:	Er soll in einer Produktionsgenossenschaft sein. Ein Mustergut von riesigem Ausmaß. Vielleicht macht er dort sein Glück?
Sie:	Es interessiert mich nicht mehr.
Er:	Verständlich. Hast du genügend Platz?
Sie:	Ich glaube schon.
Er:	Lächerlich, daß sie uns getrennt gelegt haben. Schließlich haben wir oft genug nur ein Bett gehabt, manchmal nur einen Bretterboden.
Sie:	Mir wäre hintereinander sympathischer gewesen. Du natürlich vorn.
Er:	Hintereinander? Davon habe ich noch nie gehört. (leise lachend) Hübsche Vorstellung. Wie bei einem Tandem. In Katakomben ist das wegen der Enge der Fall gewesen. Hintereinander und übereinander in Familienschichten. Geht hier nicht. Wir würden in die nächste Parzelle hineinragen. Du liegst übrigens zu weit außen. Schräg über dich hinweg führt der Weg.
Sie:	(ängstlich) Können wir nicht tauschen?
Er:	Ach, weißt du, ich bin schon ein wenig locker geworden.
Sie:	Dann bleib liegen.
Er:	Außerdem ruhen auf der anderen Seite des Wegs die Katholiken. Sie sind mir zu laut. Sie schwätzen und wehklagen und können sich nicht damit abfinden, daß sie jetzt auf sich selbst angewiesen sind.
Sie:	Ja, die Stille bei uns ist vorbildlich.
Er:	Wir trainieren ja auch unser ganzes Leben lang, mit mageren Erwartungen auszukommen.

Sie:	Sag mal, sind wir ordentlich bedeckt? Ich habe das Gefühl, als sei über mir die Erde eingesunken.
Er:	Sand, ich weiß. Sie sparen, wo sie können. Sei froh, Sand belastet nicht. Bei den Katholiken drüben wird der Boden ein paarmal im Jahre gedüngt. Ihre ehrgeizige Blumenpracht gedeiht nur auf fetter Erde. Sehr interessante Anlagen und Züchtungen. Sogar mit Frühbeeten. Beinahe subtropisch, also eitel.
Sie:	Und auf uns, wächst da nichts?
Er:	Hollunder, Ginster, vor allem Heidekraut. Saft- und kraftloses Zeug.
Sie:	Der pure Geiz.
Er:	Psst, wir wollen nicht jammern. Schließlich sind wir im Begriff der ewigen Ruhe.
Sie:	Naja, dann wollen wir ein paar milliardenmal philogenisieren
Er:	In Ordnung, also dann . . .

(Pause, entfernt zischelndes, verzerrt hochstimmiges Schwätzen, dann Knirschen, dann hechelt das Schwätzen erregter wieder)

Sie:	Was ist das?
Er:	Ach, jetzt geht es wieder los. Zu dumm.
Sie:	Was denn?
Er:	Moment! (entfernt lispelndes Schwätzen)
Sie:	Würmer?
Er:	Vielleicht. Ich habe es schon einige Male gehört.
Sie:	Aber sie kommen doch nicht zu uns?!
Er:	Nein, nein. Drüben sind die Lagen jünger und fleischiger. Je sinnlicher der Glaube, desto geringer die Mortalität. (das überhäufte Schwätzen verstärkt sich)
Sie:	Laß die Witze!
Er:	Mehr bleibt nicht übrig. Wenn ich nur noch

feststellen kann, will ich wenigstens gut for-
mulieren.

Sie: Das hat noch nie etwas genützt. Der Glaube
... Horch! (das Überholen wird noch
stärker).

Er: (erregt) Irgend etwas muß doch denkbar
bleiben!

Sie: Ich hätte so gern einen Garten gehabt mit
einem hohen Zaun.

Er: Auf der Landkarte reisen. Die Planquadrate,
die Entfernungen überfliegen ... (die Laut-
male werden bedrohlich, ähnlich einem Bohrgeräusch)

Sie: Nein, nein! (ächzt) Ich sehe dich nicht mehr!

Er: Wo? Wo?

Sie: Wo bist du?

Er: Ich höre nichts mehr. (starkes Bohrgeräusch)

Sie: Hörst du mich?

Er: Hörst du mich?

(Bohrgeräusch bricht ab)

Sie: (entfernt) Hörst du mich?

Er: (entfernt) Hörst du ...?

Er: (weit entfernt) Hörst du ...?

Sie: (kaum hörbar) Hörst du ...?

Er: (kaum hörbar) Hörst du ...?

II.

(Weiter Raum, Wind, Holz kracht)

Sie: Was ist denn?

Er: (ächzend) Jawohl, jetzt! (Holz kracht)

Sie: Was machst du da?

Er: Loslassen!

Sie: Halt dich fest!

Er:	Lob, Preis und Ehr! Ich dachte, ich ersticke.
Sie:	Schau doch! Die Seitenwand vom Hochstand!
Er:	Wo?
Sie:	Weg. Hinuntergefallen.
Er:	Es war scheußlich. Ich wußte, daß ich schlief, sah mich im Traum liegen, und es wurde immer enger.
Sie:	Du hast einen Teil weggetrampelt.
Er:	Tatsächlich! Ich bin froh, daß er nachgegeben hat, sonst wäre ich umgekommen.
Sie:	Ich habe mich im Schlaf derart geekelt, daß ich jetzt Hunger bekomme.
Er:	Schon wieder?
Sie:	Fett und viel müßte es sein. Vom Reiseproviant liegt noch etwas auf der Wiese.
Er:	Naja, wenn du unbedingt willst, hole ich ihn dir natürlich herauf.

(Schritte und Gongs)

Sie:	Komm gleich zurück, sonst falle ich vor Schwäche hinunter.
Er:	So eine Schweinerei! Sie sind wieder da.
Sie:	Wer?
Er:	Na, die! Schau doch!

(Verhallungen von Takten)

Sie:	So viel Leute! Wir bekommen Besuch. Und wie sie aussehen!
Er:	Sie waren schon öfters da, schnüffeln überall herum und fragen die dümmsten Sachen. Die Meisten verstehe ich gar nicht. Großvater sagt, es sei wichtig, daß sie den Garten besichtigen, sie müßten noch lernen, damit sie sich später einmal zurechtfinden. Ich habe doch keinen Zoo!
Sie:	Kinder, erwachsene und alte Leute. Merkwürdig. Braune, blonde, gelbe, schwarze . . . Da hat einer einen Turban auf. Ja, und schau

	doch, das Mädchen! Also, ich würde nicht so herumlaufen.
Er:	Nicht übel!
Sie:	Daß sie sich nicht schämt? Sie hat ja beinahe nichts an.
Er:	So sind sie. Und affenneugierig. Wenn ich wütend werde und sie nicht in den Stall gukken lassen will, weil sie mich stören, dann lacht Großvater nur und brabbelt was von ich solle nicht so streng mit meinen Söhnen und Töchtern sein. Das ist doch kein Scherz mehr, das ist doch einfach seniler ...
Sie:	(ruft) Großvater! Da drüben geht mein Großvater! Hallo! Hallo!
Er:	Wo ist dein Großvater?
Sie:	Da, zwischen dem zottligen Mann und der dicken Frau mit den langen Haaren! Da geht Großvater. Hallo!
Er:	Blödsinn, das ist mein Großvater. Er erklärt ihnen das Schöpfwerk. Damit fängt er immer die Besichtigungstour an, besonders bei so Schwerfälligen, die kaum sprechen können.
Sie:	Nein, das ist mein Großvater!
Er:	Nein, mein Großvater! Das kann nur meiner sein. Niemand trägt im Sommer so einen dikken Mantel.
Sie:	Dann hat sich meiner eben verkleidet. Er will mich überraschen. Typisch Großvater. Hallo! Wart doch!
Er:	Jetzt geht er, möchte von dir nichts wissen. Nach dem Schöpfwerk ist nämlich die Mühle dran, und dann erklärt er in der Schmiede, wie Räder fabriziert werden. Davon haben sie keine Ahnung. Beweis, daß es mein Großvater ist.

Sie:	Vielleicht . . . vielleicht haben wir beide den-selben? Schrecklich!
Er:	Kann nicht sein!
Sie:	Er will uns demütigen?
Er:	Ja, dann wäre meiner, wenn er weg ist, bei dir vorhanden? . . .
Sie:	. . . und meiner, wenn er weg ist, bei dir?
Er:	Da schlag Blitz und Donner drein!
Sie:	Nicht!

(Wind und Gepolter)

Er:	Hörst du was?

(Schreie von Schakalen)

Sie:	Nichts, nur Wind.
Er:	Ich sag's ja, er wird immer älter und paßt nicht mehr auf. Hat mit seinen Brutöfen einen Haufen Wolken gemacht und kann nicht mal mehr donnern, wenn man ihn belei-digt.
Sie:	So eine Gemeinheit! Schau!
Er:	Was ist?
Sie:	Neben meinem Großvater, nein, neben dei-nem, stehen wir!
Er:	Du bist verrückt.
Sie:	Doch, das sind wir! Der große Kerl mit den roten Ohren bist du, und die magere Vettel bin ich. Ganz deutlich.
Er:	Tatsächlich, wir! Jetzt wird er überheblich. Pfui Teufel!
Sie:	Ich sehe aber nicht so häßlich aus! Schau doch, was er mir für Falten gemacht hat.
Er:	Und mir weiße Haare. Er weiß nicht, was er tut. Es ist kein Verlaß mehr auf ihn. Am Ende wird er noch gefährlich. Ich gehe.
Sie:	Ich auch.
Er:	Zu zweit kommen wir überall durch. Ich gebe den Garten auf, und wir fangen im Gebirge

	neu an. Vielleicht finden wir ein wenig Gold oder ein paar wertvolle Steine.
Sie:	Aber den Hochstand behalten wir. Hier oben kann man so schön spielen.
Er:	Dafür werden wir keine Zeit mehr haben. Los, halte dich fest an mir.

(zunehmender Wind)

Sie:	Ich habe Angst.
Er:	Häng dich an meinen Hals. Für alle Fälle habe ich oben am Baum ein langes Seil festgemacht. An dem können wir uns über die Hecke schwingen.
Sie:	Er schaut her, er winkt.
Er:	Meiner?
Sie:	Ich weiß nicht.
Er:	Laß ihn. Los, vernichtende Begeisterung!

(Windstoß)

Sie:	Wir fliegen! Wo ist Großvater?
Er:	(entfernend) Wenn er was will, soll er uns suchen. Wir sind jetzt selbständig. Gleich sind wir über der Hecke? Gleich!

(Donner und Wind)

Thuja

Personen:

Hella
Rosa
Ich
Stimmen
Vetter
Bäschen
Vorfahrin
Vater
SS-Gefreiter
Moosgräfin
Angela
David
Manganelli
Tante Anna
Fink

(Schüsse, Explosionen, fauchende Brände, Sirenen, einstür-
zendes Gemäuer, Salven und Eruptionen)

Hella: Die Türe brennt! Wo kommen wir hin?

Rosa: Weiß nicht! Gib mir eine Eierhandgranate.
          Ich treffe das Luder im toten Winkel nicht.
          (schießt)

Ich: Ich hätte noch einen Gurt, Dum-Dum.

Hella: Paßt nicht, zu groß.

Rosa: Sie haben Flammenwerfer! Wenn sie das Glas
          zum Schmelzen bringen, sind wir erledigt.

Ich: Im Physiksaal steht eine Musterprobe der
          neuen, leichten israelischen Flak.

Rosa: Halt den Mund. Du bist auch so ein Schwein.

Hella: Es wäre besser gewesen, wir hätten dich am
          Bahnhof gelassen.

Ich: Verzeihung, es greifen nur Frauen an. Wenn
          ich nicht letzten Sommer einen Lehrauftrag
          gehabt hätte – alle zwei Wochen zwölf Stun-
          den im Zug hin und nachts wieder zwölf
          Stunden zurück – dann wüßtet ihr gar nicht,
          daß man sich in der Gesamthochschule Essen
          verschanzen kann. Ehrwürdiges Gelände,
          einst kommunistisches Wohngebiet.

Rosa: (schießt) Ich glaube, sie kriechen mit Haft-
          handschuhen an der Fassade hoch. Ich brau-
          che heißes Pech.

Hella: Nicht nötig. Wir warten, bis der erste Kopf
          erscheint, dann decapitare!

Rosa: Geht nicht, die Fenster lassen sich nicht
          öffnen.

Hella: Soffocare oder strangulare, wie bei Vercinge-
          torix!

Rosa: Hör auf! Ich hatte kein Ferienhaus in der
          Toscana.

Hella:	Blödsinn! Wir kämpfen nicht schichtspezifisch.
Rosa:	Was? (schießt) Hervorragend! Hast du gesehen? Die Sau hatte ein getüpfeltes Arabertuch um, wollte sich im Gang unsichtbar machen. Aber ich habe sie erwischt. Jetzt verblutet sie auf ihrem Hängebauch.
Hella:	Ich kann das nicht mitanschauen. Ekelhaft!
Rosa:	Willst du überleben oder nicht?
Hella:	Sicher! – Unsere wunderbaren Kinder!
Rosa:	Ach, meine Angela! Wo ist sie?
Hella:	Nein, meine!
Rosa:	Du hast David. Mir wäre er zu groß, und wieder ein Mann. Gräßlich!
Hella:	Nein, deiner. Du hast ihn geboren!
Rosa:	Stimmt nicht! – Nein, du hast recht. – Die Vertauschungen bringen mich immer durcheinander. – Herrschaftsverhältnisse. Es ist zum Krepieren. Weshalb sind wir überhaupt da? Am besten, wir geben auf.
Hella:	Die Verteidigung der letzten Universität! Wenn wir nicht standhalten, geht alles kaputt. Ich kann nicht mehr Orgel spielen und mir Kraft als Putzfrau holen, und du versäumst deinen nächsten Lehrgang. Willst du Sortiererin im Materiallager bleiben? Ohne Veredlung keine Geschichte. Wer sich ziert, bleibt dumm. Einen Sturz zurück ins Paradies gibt es nicht. Hier ist die Stätte der Erholung, der Bereicherung und des unabwendbaren Glaubens! Wir gehören dem Abendland an.
Rosa:	Mein Vater hat ein kleines Haus gebaut, am Ende der Autofabrik, in der er arbeitete. Meine Mutter ist mit dem alten Philosophen Moritz Tuch nach Tübingen gezogen. Ich habe mit vierzig Jahren doch noch ein Kind

	geboren und nun liege ich da, hinter einem Maschinengewehr. (weint)
Hella:	Tröstung, Tröstung, Tröstungen! – (lacht, dann schluchzt auch sie, doch vorsichtiger) – Wenn wir siegen, kriegst du mein schönstes Kleid. Es läßt sich in vier Variationen verknoten: Frühling, Sommer, Herbst und Schnee. Roma eterna.
	(Detonationen nebst Geknatter)
Rosa:	Nicht so viel! Ich bin eine Frau!
Hella:	Ich auch, ich auch! – Oh, diese Albicocce!
Rosa:	Was sagst du?
Hella:	Aprikosen. Ein letzter Wunsch.
Ich:	Das Feuer nimmt zu, die Tür ist weg, es brennen auch die Aluminiumrahmen. Ich hätte nicht gedacht, daß die Zivilisation sich so schnell verzehrt. Vorsicht, eine Kamikaze nähert sich.
Rosa:	Wo?
Ich:	Am Gitter.
Rosa:	Ich brauche eine Ettlicher und Walther, Stahlmantel.
Ich:	Haben wir nicht.
Rosa:	Dann was anderes!
Ich:	Zwei griechische Marmorköpfe, zwei Flugangeln, einen Rittersporn und einen Seismographen.
Hella:	(schreit) – Nein, nicht!
Rosa:	Wasser, einen feuchten Bademantel!
Ich:	(schreit) – Drei, vier, fünf, sieben, acht! Meine Brust! Ich sterbe! Soviel Knöpfe habe ich doch gar nicht im Hemd! Helft mir! Blut, Ergüsse, ich verblute!
Hella:	Wo bist du? Es ist so heiß!
Rosa:	Hier! Meine Beine liegen dort drüben. Ach, Liebste! (zwei Salven)

Ich:	Mein Arm ist ab, mein Arm! – Der Fluch Gottes kommt über uns. – Lauter Frauen! – (Ach und Weh, samt Salven.)
Rosa:	Kimme und Korn sind das Visier der Schenkel. Ich brenne.
Hella:	Mitten durch! Wo ist mein Bauch? – Oh, es ist aus. (Schüsse)

2.

(Sphärenmusik, die sich selbst erstickt, dann enger Raum.)

Ich:	Kein Grund, sich zu beunruhigen. Der Tod als Erholung oder als eine Art reziproker Echos. Die Wunder hören nimmer auf. Nur der Lichtschacht fehlt, den klinisch Tote nach der Wiedererweckung verkündeten. Wahrscheinlich handelt es sich um einen Selbsttäuschungseffekt infolge Sauerstoffmangels im Gehirn, ein holdes Feuerwerk der Ganglien.
Stimmen:	Weg da! Platz! Nicht hinauf, hinab. Hinab, hinab! Die Schlünde, sie locken und rufen, die Wurzeln, die Würmchen, die Ruhe des Grabs.
Ich:	Verfluchte Pest, geradezu japanisch eng und auch noch mit Linksverkehr. Jede Nadel zehnfach besetzt. Seit der Jungsteinzeit treiben sich allmählich 50 Milliarden herum, wenn sie nicht bald an Höhe gewinnen. Wir sind im Leben ständig von Wolken aus Gestorbenen umhüllt, atmen sie ein und aus, essen sie, lassen sie wieder frei . . . Jeder trägt eine Säule von Zuschauern mit sich auf dem Rücken.
Vetter:	Ach, du bist auch da! Die ganze Familie versammelt sich. Viel bleibt draußen nicht mehr übrig.

Ich:	Vetter! Was für ein Glück! Laß dich umarmen.
Vetter:	Hände weg! Du bist noch klebrig. Hinter mir stehen Verwandte bis ins frühe Mittelalter. Das schiebt und zwickt, brummt und rempelt. Die Ausweichmöglichkeiten sind sehr beschränkt.
Ich:	Ich wußte gar nicht, daß du schon tot bist. Kein Telegramm, keine Anzeige ... Streit oder ein Verkehrsunfall?
Vetter:	Im eigenen Schwimmbad ertrunken. Es ist eine Schande. Meine Frau erbte die Firma. Sie hat sofort ihren Posten bei der Lufthansa aufgegeben. Und wer hätte es gedacht, sie macht sich! Hat kein Abitur, holt ihre Mutter aus der Sparkassenfiliale bei Frankfurt, entläßt zwei Vertreter, die sowieso nichts taugten, und stellt sich selbst bei der Kundschaft vor. Ich habe sie vollkommen unterschätzt. Schade, daß ich nur noch unhörbar und unsichtbar ein bißchen ...
Ich:	Mir fehlt ein Arm, und in der Brust sitzen acht Einschläge.
Vetter:	Weiß ich! Verteilerkämpfe in Essen. Die Gesamthochschule war eine Falle. Ihr hattet keine Chance. Immer noch fließt Blut durch die Fußgängerzone bis zum Güterbahnhof. Das Rathaus haben die Frauen schon erobert.
Ich:	Wo sind Rosa und Hella?
Vetter:	In anderen Sektionen. Eine gewisse Ordnung muß es geben bei so viel Flüchtigkeit, sonst verrammeln wir uns gegenseitig wie im Leben. Wir befinden uns in dem alten Baum über der Familienanlage des städtischen Friedhofs. Nicht zu verwechseln mit einer Holzstation bei Irkutsk, wohin vor hundert-

	fünfzig Jahren ein paar Vorfahren auswanderten.
Ich:	Nein, sie gingen nach Dornbirn, Vorarlberg. Wurden Bierbrauer.
Vetter:	Das waren Angeheiratete. Jetzt aber hinauf, hinweg! Neusprößlinge müssen zunächst mit dem Wipfel vorliebnehmen.
Ich:	Stelle mich bitte vor. Ich bin sehr neugierig, wer alles da ist. Sprechen sie Dialekt, und die längst Verblichenen noch mittelhochdeutsch?
Vetter:	Die Verschwisterung des Indogermanischen mit dem Urgurischen hat sich als die beste Mischform erwiesen. Droben, wo es noch lüsternen Sauerstoff gibt, wirst du einen Schnellkurs absolvieren. Los, Erklimmung, damit du endlich phylogenisierst.
Ich:	Vetter, lieber Verbündeter!
Vetter:	Nichts da! Gerechtigkeit für ein Kinderlandverschickungskind. Du hast mich nach den Stuttgarter Bombennächten bei euch daheim genügend terrorisiert. Ich hätte damals den eisernen Fußabstreifer vor unserem Indianerzelt unter Starkstrom setzen sollen. (Heulton) Ich schwinde!
Stimmen:	(Kanon) Efeu und Donner, Ebbe und Flut, das Los unserer Erben, wen kümmert's voll Gleichmut! Wir knistern wie Heu und zählen, was guttut. (verhallt) Alles, alles, alles ...
(Gewitter und Böen.)	
Ich:	Finsternis! Hat mich der schmalbrüstige Kerl, dieser vormalige Großküchenhändler, dessen Kleiderschrank ich alle zwei Jahre plündern durfte – Kalbslederslipper aus Argentinien und senfgelbe Gabardinehosen aus den USA mit immer zu langen Beinen – tatsächlich zur äußersten Spitze der Krüppelthuja abge-

drängt, wo niemand gern wippte. Alle strebten sie nach unten, in die dämpfigen Grüfte neuer Heimseligkeit. Und dann erfuhr ich, weshalb. Der Sauerstoff zerrte als Hagelschlag oder Schrotladung an jeder Faser, so weit man noch von Konsistenz sprechen konnte. Nichts Schlimmeres für uns, als eine Nachahmung des Atmens. Säuglinge, die von Preßwehen ans Licht gestoßen wurden und deren Lungenflügel sich zum ersten Mal selbsttätig entfalteten, müssen ähnlich stechende Schmerzen verspürt haben. Schließlich der Auslug über den Friedhof: Begradigte Schnellstraßen, zersiedelte Auen, Schlote eines Zementwerks, und Sessellifte zu Bergkämmen hinauf. Von den Wildschweinen, die unser Hochtal bevölkerten, ist nur ein Wappentier mit viersprachigem Sockel übriggeblieben. – Willkommen, wellcome, bienvenu, benvenuto. Dahinter die erste Stufe eines Terrassenhotels. Leiden mit dem Feind, dem ich vor Persecsekunden oder Dezenien, wer kennt schon die Allgemeingültigkeit einer Verschieferungsdauer, noch angehörte.

(Straßenlärm, der in Flötenmusik übergeht)

Bäschen: Lymphat, da bin ich!

Ich: Johann Jakob Weberbeck. Angenehm.

Bäschen: Christiane Seiler. Ich bin eines deiner Bäschen. Wohlstandsverluderung, Rauschgift, Prostitution, dreimalige Einweisung in eine Klinik, Rückfall, goldener Schuß.
(Flötenkadenz)

Ich: Donnerwetter. Wußte ich nicht. Ihr seid doch alle lutherisch und antroposophisch gewesen?

Bäschen: (schwäbisch) Hot nix gnützt. Der Vadder war von der Kirch enttäuscht und hot bloß no

63

Elektrokärrele für Schpastiker montiert. Unds Mutterle hot de ganze Tag gebadigt, Kleider, Schürze, Vorhäng. I bin zum Fenschtern aus. Mei Schwester kifft, mei Bruder war bei der Bundeswehr und handelt jetzt mit alte Autoreife.

Ich: Reichtum einer Familie!

Bäschen: Saudumms Gschwätz. Mir sind vermurkst. Do gschieht nix meh.

Ich: Kannst du mir den Weg hinunter zeigen? Die Luft hier oben ... Es ist eine Eiseskälte, und Bläue vertrage ich auch nicht mehr.

Bäschen: (lacht) Gell, das hätt'sch nicht denkt! – Verknäulungen, Raufereien, stochastische Metamorphosen. In der Deutschen Demokratischen Republik gibt es ein verhackstes Märchen, das Meta Morphos heißt. Wir müssen vorbildlich wirken, sonst erschrecken die noch Lebenden. Der Benzinpreis ist auf zwei Mark pro Liter gestiegen.

Ich: Geht mich nichts mehr an.

Bäschen: Doch! Ich bin auch erst seit kürzlich hier. Du kannst dich in die ätherischen Öle der Nädelchen einwickeln und für Augenblicke davonstieben. Auf einer Kreuzung mitten in der Landschaft brennen zwei Sattelschlepper, unter denen noch sechs Gastarbeiter während der Heimfahrt in die Türkei stecken. In einem umzäunten Brombeerfeld wurden gemalte Wandtafeln von Loki, der Frau unseres derzeitigen Kanzlers, errichtet. Und dann habe ich noch mit einer Ratte gesprochen, die ein geschientes Bein hat. Skiunfall auf einem Sommergletscher. Anscheinend übernehmen Nagetiere nun die Macht.

Ich: Koketterie hätte ich schon immer verabscheut, sagte ich.

Bäschen:	Es ist eine Frage der Kostenverteilung. Wenn du mit mir geschlafen hättest, als ich noch an der Nadel hing, wärst du zufrieden gewesen. Ich tat viel für meine Kunden, das heißt, ich brauchte täglich wenigstens hundertfünfzig Mark, sonst kam der Entzug mit Schüttelfrost und Todesangst. – Keine Träume gehabt? Eine Zwanzigjährige, Rot- und Vielhaarige, ab den Ellenbogen tausendfach Zerstochene zu begehren? Alter Cousin, du hast doch gedichtet und für deine mausgraue kommunistische Partei gekämpft?!
Ich:	Ich blase dich vom Wipfel!
Bäschen:	Geht nicht. In Adern kenne ich mich aus, ob von Bäumen, Blättern oder Gliedmaßen. Ciao! (verwehte Flötentriller)
Ich:	Mit meinem blonden, starken, großen und gescheiten Sohn war ich mehrmals in Italien gewesen. Wir hatten Rennräder und Geld und fuhren auf gewundenen Landstraßen bis nach Brindisi, dem Ort unserer Sehnsucht, wo Fährschiffe ankerten. Weiter kamen wir nie. Meinen Sohn, seitdem er Biogenetiker geworden ist, habe ich nicht mehr gesehen, obwohl ich immer noch den Pflichtanteil eines Geschiedenen von monatlich dreihundert Mark überweise.

3.

(Ächzen, Klopfen, Stöhnen und Striche auf einer Viola da Gamba.)

Vorfahrin:	Verringern, einschalen, abklemmen, hineinschlüpfen und abwärtsgleiten. Die Tugenden verschlingen uns wie Elfenduft.

Ich:	Das kann mein Fruchtzäpfchen sein. Auf jeder Rispe sitzen ein paar hunderttausend Seelen. Ich habe auch ein Recht aufs Tieferkommen. Platz für Sterblichkeit ist kein Privileg mehr, sondern notwendige Masse. Bitte, ein wenig Rücksicht, sonst könnten die Folgen eines Shintoschlags gelernt werden.
Vorfahrin:	Priester oder Asket?
Ich:	Mikroskopischer Holzknecht in einer Thuja.
Vorfahrin:	Falsch! Erleuchtet in den violetten Strudeln der Palimpseste. Ich heiße Patrizia Dethleffson. Ihr Muster ist mir geläufig. Der Erkennungsdienst funktioniert sozusagen teleosmotisch. Wenn Sie zum Wurzelballen wollen, dann folgen Sie mir.
Ich:	Der Wind hier oben macht mich krank. Ich brauche Reibung und Gewimmel, möchte mir endlich meiner Verendung gewiß werden.
Vorfahrin:	(singt) Fingerlanger Hansel, nudeldicke Dirn, gehen wir in den Garten, schütteln wir die Birn'. Du schüttelst die kleinen, ich schüttel' die großen, wenn wir wieder heimkommen ... (schluchzt ein wenig) Ich verfaßte Kirchenlieder, Gebete und Oden. Eine meiner Weisen wird heute noch in Seminaren zitiert, ein Aufruf für die Französische Revolution. Nicht bekannt?
Ich:	Nein. Ich schrieb selbst.
Vorfahrin:	Nochmal: Patrizia Dethleffson. Na?
Ich:	Keine Ahnung.
Vorfahrin:	Heide in Holstein. Autographen werden im Heimatmuseum ausgestellt. Die letzten Jahre lebte ich im Hamburger Armenasyl. Der Rat der Stadt gewährte mir auf Grund meiner Verdienste eine Freistelle. Dort liegt noch meine plissierte Jungfernhaube mit Etikett in

	gotischer Schrift. Kampf den Demütigungen, Raum den Gebenedeiten, die Sammlerinnen an die Front!
Ich:	Jetzt weiß ich! Verzeihung, Frau Kollegin.
Vorfahrin:	Vielen Dank.
Ich:	Sind Sie die Urgroßmutter meines Großvaters, dessen Hosen ich jeden Tag wusch, bis er starb, und der mir, als ich noch Kind war, plötzlich an einem Sommernachmittag ein Fahrrad mit Kettenschaltung und Rennlenker schenkte? Es hieß ›Hirondelle de Sainte Etienne‹.
Vorfahrin:	Nein, keine Schwalbe, aber eine Urururvorfahrin. Aus mir kam keine Nachfolge mehr. Was bleibt, sind Lieder. Wollen Sie hören?
Ich:	Bitte sehr.
Vorfahrin:	Muß nicht sein. (lacht) Kommen Sie, wir ringeln uns jetzt durch die Maserungen. Das sind unsere Autobahnen, ohne Ampeln. Falls es an Kreuzungen kompliziert wird, nicht stoppen. Es passen mehrere hundert Lagen von uns übereinander.
Ich:	Tandaradei.
Vorfahrin:	Pistolen und Halfter.
Ich:	Wie Sie wollen.
Vorfahrin:	Tännlein; Tansania; Tanse, schweizerisches Tragegefäß auf dem Rücken für Milch, Wein oder Trauben; Tapióka, gereinigte Stärke der Maniokwurzeln, Massennahrungsmittel der Hungernden Südamerikas; tappen und täppisch; Tara, arabische Gewichtseinheit; Tarantel. Sie wissen, Tarrar, keltischer Getreideputzer oder -entspleißer seit den Hausmeiern . . .
Ich:	Zwar eng, doch erholsam. Wir schlürften abwärts, weg aus dem Sauerstoffgewitter, das in

unsere nicht mehr pastose Konsistenz trotzdem etwas wie Löcher zu verursachen schien.
Der alte Friedhofsbaum besaß in sich ein feier-
lich langsames Seufzen, ob aus Wohlbehagen
oder Schmerz, war nicht zu hören, aber seine
unendlich tiefen Register entsprachen dem ge-
duldigen Wachstum. Die Maserungen oder,
entzweigeschnittenen Jahresringe, boten genügend freie Fahrt. Bewegt sah und fühlte ich
die Menge der uns Umgebenden, die allesamt
einer umfassenden, mir nun erkennbaren,
weitverzweigten Familie angehörten. Es gab
Trachten, fremdgezacktes Handwerkszeug,
Geldkatzen aus Barchet, Ochsengeschirre und
Pferdekummets. Einige hatten sich ihre Tiere
nachschicken lassen, vielleicht aus nekrophiler
Andacht wie einst ägyptische Dynastien. Aber
das vormalige Milch-, Fleisch-, Leder- und
Ackervieh fühlt sich im Verein mit den toten
Bauern und Handwerkern nicht wohl. Es
bockte und trompetete, strebte wahrscheinlich in noch frühere Lehm-, Kanisfluh- oder
Gneisgelasse, wo ihre Vorgänger eingebacken
waren, Greifvögel und Mammuts.

Vorfahrin: Aufgepaßt, der Teufel kommt!

Ich: Nun ja, liebe Frau Kollegin, ich mache auch
das noch mit.

Vorfahrin: Es ist wahr! Wenn Sie lästern, werden Sie von
Honigsüße eingeschlossen. Selbst für uns eine
beachtliche Behinderung von drei hoch zwölf.

Ich: Sekunden oder Jahren?

Vorfahrin: Rollen, Teuerster! Eine Form soziologischer
Spielerei. In unserem Beruf zwar nötig gewesen, aber in diesem Ausmaß meocarstisch
enervierend. Mallorca, Menorca, Majonnaise.
Die fettige Blütenschmiere stammt von dort.

Ich:	Solche Klauen und Dolche!
Vorfahrin:	Der Teufel! Als Inkunabel, als die Holzschnitt-technik noch grob war, mit Flügeln und Spie-ßen bewehrt, später im Stahlstich und Kupfer-tiefdruck feiner ausgeführt, heute, im Zeitalter der Mikroschaltungen wahrhaftig satanisch anwesend. Stellen Sie sich über Bänder ge-beugte Frauen vor, die aufgedampfte Sili-ziumäderchen kontrollieren und nach drei Jahren Schreikrämpfe bekommen.
Ich:	Patrizia Dethleffson, aus Heide in Holstein, von wo einer ihrer Brüder ins Allgäu entwich und dort eine Fuhrmannspeitschen- und Ga-loppsteckenfirma gründete, hatte an einer Verzweigung merkwürdigerweise Schwierig-keiten. Eine irreguläre Verholzung gleich ei-nem Türmchen zu Babel mit Wolkenschwa-den um den obersten Teil brachte sie aus dem Takt. Sie fing zu eiern und zu jammern an, verlangte nach einer rechten Hand, die ich gar nicht mehr besaß, sondern in der Essener Universität zurückgeblieben war. Tauben, nein Täublinge, also auch Derivate, schossen auf uns herunter, versuchten, ins moosig offe-ne Gehirn zu picken und ließen wieder ab. Die Romantikerin stieß einen Schrei aus, der wollüstig klang, und knickte wurzelwärts zu-sammen.
Stimmen:	Der Teufel kommt und geht, kackt auf den Richtertisch und sieht durch seine Brille nach, ob das Sonnensegel am Horizont noch weht. Pflückt sich ein Mägdelchen von der Stirn und setzt es einem Knäblein auf. Die Tür geht auf, die Tür geht auf, Engerlinge purzeln aus dem Bauch.

(Paukenschläge und Blasmusik)

Vater:	Ich bin dein Vater.
Ich:	Laß mich los! In der Mitte des Baums ist man genügend beherbergt. Ich brauche keine Hilfe.
Vater:	Einen einst überzeugten Nationalsozialisten mußt du nicht enttäuschen. Ich starb mit dreiundvierzig, du bist fünfzig geworden, vielleicht wirst du neunzig, mir und dir zur Feier.
Ich:	Goldene Anstecknadel, Emailleschild der Ortsgruppe Isny-Land am Staketenzaun. Meine Mutter, deine Frau, im großen Schwarzen; sie weinte im Badezimmer. Ich saß in der Rotbuche und sah zu, wie dein Sarg, bedeckt mit einer Hakenkreuzflagge, am Gasthof ›Engel‹ vorbeigefahren wurde.
Vater:	Überaus notwendig. Damals. (hustet)
Ich:	Und wer bewahrte uns vor Übeln? Der Bürgermeister, den dann die Franzosen in einen Steinbruch schickten? Oder mein Freund Nepomuk, der sich aus Angst, als die Marokkaner kamen, mit einer Mauserpistole erschoß?
Vater:	Gehört nicht hierher. Andere Familien.
Ich:	Guck hinaus, durch den Wespenstich in meiner Schulter. Er ist groß genug. – Was siehst du?
Vater:	Kenne ich.
Ich:	Weißt du, was ich tun mußte? Jeden Samstag hat sie mich dazu überredet – hör zu, überzeugt, oder mich dazu gezwungen hat sie mich – dein Grab zu besuchen. Da stand ich und begoß Primeln und Hartglaub-, nein Hartlaubgewächse aus einem Kännchen. Zuerst gab es ein Holzkreuz, dann einen Findling, später mit Datum.

Vater:	Ich weiß. Da im Familienareal schon damals kaum mehr Platz war, wurde ich verschoben. Du bist immer wieder über die Mulde des Kieswegs gegangen, unter der ich lag. Nicht wahr, faszinierend, wenn der kleine, stark behaarte Vater, vor dem du Angst hattest, weil er dich wegen einer zerbrochenen Milchkanne einmal geschlagen hat, einsinkt? Seine Muskeln fressen die Würmer, sein Gesicht verfault, sein Gerippe verbimst.
Ich:	Was?
Vater:	Eifriges Lernen infolge Versteinerung.
Ich:	Himmelherrgottsack! Ich bin inzwischen älter als du!
Vater:	Gilt nicht. Ich wäre bereit, als eine Art Sohn von dir aufzutreten.
Ich:	Ich wusch deine Unterhosen wie die von deiner Schwiegermutter, die dich um vierzig Jahre überlebt hat, und füttere dich mit eingeweichten Haferflocken.
Vater:	Ich kehre zurück zu den Mikroben, brauche Wärme. Dir täten sie auch gut. In der nächsten Faßeinheit mußt du dich nur der Feuchtigkeit überlassen und meine noch glimmenden Beine nicht verlieren.
Ich:	Vater, lieber Vater, nicht so schnell.
Vater:	Sohn, lieber Sohn, bleib auf meinem Zehennägeln. Die einzigen, die weiterwuchsen. Zwei Meter lang.
Ich:	Ich weiß nicht, weshalb er in die Partei eintrat. Mein Geschichtsbewußtsein ist verwickelt. Er hatte eine niedrige Mitgliedsnummer und las auf dem Abort jede Ausgabe des ›Stürmers‹. Vielleicht wollte er eine Volkspraxis aufbauen, jedenfalls gelang es ihm, Tierarzt des städtischen Schlachthauses zu wer-

den. Dort trieben fahle Schweine in den Brüh-
kesseln, zerteilte Rinder hingen an Haken und
rannen aus, unter seinem Mikroskop forschte
er nach Milzbrand und Tuberkulose. Ich spiel-
te im Hof mit riesenhaften Lungenflügeln,
ließ sie in einem Metzgerblech hin- und her-
schwimmen. Die Kindheit war damals ein Mei-
sterstück zukünftiger Arbeit ohne Ausgang.

Vater: (entfernt) Vorsicht, ein Kavernom mit einge-
backenem Katheter.

Ich: Weder Geschwulst eines Blutgefäßes noch
medizinisches Lüftungsröhrchen paßten in einen Thujastamm. Warnung vor Verholzung.

Vater: (näher) Jetzt können wir wieder sprudeln.

Ich: Ich komme schon! – Bequemlichkeit einer
Vaterzehe. – Irgendwo hinter Breslau war er
im Krieg der Herrscher des letzten Pferde-
parks gewesen, praktizierte an Sonntagen auf
von Männern verwaisten Landgütern der
Umgebung, machte Fuchsjagden mit, ein
schwäbischer Major, der stehend im Sattel
reiten konnte, unter lauter Witwen, Barones-
sen und sonderbeurlaubten Blitzmädchen,
und dabei fiel er. Ein Huf traf ihn an der Stirn,
die Kopfwunde wurde leichtsinnigerweise
vernäht. Eine Woche lag er in einem Feldlaza-
rett und als er mit vierzig Grad Fieber gerade
auf einem Spirituskocher einen Pfannkuchen
backen wollte, stürzte er in die Kissen zurück.
Gehirnschlag, das Bett stand in Flammen. In
einem verzinkten Sarg kehrte er heim.

Vater: Phantasie haben wir hier wegen des erweiter-
ten Blicks alle. Eigentlich müßtest du mir
dankbar sein, daß ich dir kein Vaterproblem
hinterlassen habe, an dem deine ganze Gene-
ration krankt.

Ich:	Doch, ich habe eins! Die Ordensburg in Sonthofen, eine der ersten nationalpolitischen Erziehungsanstalten, heute Schule für Bundeswehroffiziere. Die elfjährigen Pimpfe wurden im Speisesaal von einarmigen, einbeinigen und einäugigen Ordonnanzen, die weiße Uniformjacken trugen, bedient.
Vater:	Ich habe dich wieder herausgeholt.
Ich:	Zu spät. Ich mußte schon ins Wellenbad, obwohl ich noch nicht schwimmen konnte, und dann kam der Glockenturm an die Reihe.
Vater:	Die Mutprobe. Ach, mein lieber, kleiner Johann Jakob ...
Ich:	Und alles nur, weil ich zu Führer's Geburtstag die beste Note im Aufsatz schrieb.
Vater:	Auch im April geboren. Widder.

(Glockenschläge, Wind, weiter Raum.)

SS-Gefreiter:	Nun spring schon! Hinter dir warten noch fünfzehn.
Ich:	(verjüngt) Zu Befehl, aber ich weiß nicht, ob ich die Beine anziehen oder die Arme strecken soll? Es ist so tief.
SS-Gefreiter:	Schiß gilt nicht. An der Front kämpfen die Kameraden. Wie hieß es im Unterricht?
Ich:	Atmen, Kopf voraus, sich nicht verkrampfen, einen Schrei ausstoßen, sich einmal langsam überschlagen lassen und mit dem Gesäß im Sprungtuch aufprallen.
SS-Gefreiter:	Genau! Also, mach! Dreißig halten die Plane und warten, daß du kommst. Es ist noch kein einziger verunglückt.
Ich:	Ich bin mit Stöcken und Torlaufskiern schon über eine Dreißigmeter-Schanze gefahren.
SS-Gefreiter:	Sehr gut, dann kennst du dich ja aus.
Ich:	Die Sonne blendet.
SS-Gefreiter:	Ideales Wetter. Kein Wind und eine Wolken-

	decke. Los, kneif den Arsch zusammen, sonst muß ich noch putzen. Papier ist knapp.
Ich:	Fangen die mich auch bestimmt auf?
SS-Gefreiter:	Zwanzig Meter sind für Napola-Schüler eine Kleinigkeit. Es stehen unten lauter Jungzug-führer bereit, keiner weniger als einsachtzig.
Ich:	Zu Befehl! Jawohl!
SS-Gefreiter:	Mit Adolf Hitler!
Ich:	(langgezogener Schrei) Mama!
Vater:	Gräßlich! Mein armer Bub.
Ich:	Nicht einmal. Ich machte instinktiv alles rich-tig, und die Landung im Sprungtuch tat nur wenig weh. Allerdings hatte ich einen Tag lang Durchfall. Wußtest du übrigens, daß der SS-Gefreite, der mir einen Stoß gab, ein Sohn des Malers Lehmbruck war?
Vater:	Ich glaube, ja.
Ich:	Und weshalb hast du mich vor deinem un-rühmlichen, unheldenhaften Freizeittod von der Ordensburg wiedergeholt?
Vater:	Es war sehr schwierig. Nur als Major hätte ich es nicht geschafft, aber ich war ja auch Früh-nazi. Ich fühlte irgendeine Ahnung, eine Furcht aus der Ferne, kein Wissen, dazu war ich zu verstockt, und mit Widerstandsbewe-gungen von Adligen und Großgrundbesit-zern, wie sie fast nur in unseren Geschichts-büchern vorkommen, hatte ich auch nichts zu tun.
Ich:	Sehr schlau. Beizeiten im Bett sterben.
Vater:	Reine Gnade.
Ich:	Von wem?
Vater:	Weiß ich nicht. Oder willst du nach dem Tod noch einmal das Gottesproblem einführen? Dafür geht es uns jetzt zu gut.
Ich:	Stimmt. Ich dehne und vergähne mich. Früher

	träumte ich, ich könnte mich gekrümmt selbst befriedigen, mich sozusagen in einer geschlossenen Rolle von Mund zu ...
Vater:	Genügt!
Icho	... zu ... naja, zusammenschließen. Zwar äußerst infantil, aber schmetternd wirksam in extremen Zeiten.
Vater:	Wie oft warst du verheiratet?
Ich:	Dreimal, und beinahe zum vierten Mal.
Vater:	Sozialromantiker, Ichsucher, Knochenidealist.
Ich:	Eine Auszeichnung.
Vater:	Du bist gehörig weitergekommen. Umarmung.
Ich:	Geht nicht mehr. Zusehends werde ich in den hiesigen Entlockerungen auch mürbe.
Vater:	Doch was wäre gewesen, wenn wir gewonnen hätten? Darüber gibt es noch nichts.
Ich:	Lob der Vernichtung, geweiht seien die fünfzig Millionen Toten, Balsam den Denkmälern, Blütenstaub und Honig über die Pferche, auf die Roste, in alle Kamine der KZ's.
Vater:	Du wärst Verweser des instand gebliebenen Westwalls geworden, mit einer Totenkopfkokarde an deiner schwarzen Schirmmütze, oder Protektor von Böhmen und Mähren mit Sitz auf dem Prager Hradschin, oder Kommandant von Kreta, der die gesamte, noch arbeitsfähige Bevölkerung gemäß eines Führerbefehls zum Beispiel nach Nürnberg evakuiert hätte, weil von dort das Parteigelände des Herrn von Speer bis nach München, dem Ursprung der Bewegung, erweitert werden sollte.
Ich:	Dank deiner Erziehung hätte ich es vollbracht.

Vater:	Ja, du hättest es getan.
Ich:	Ich wäre stolz darauf gewesen.
Vater:	Mein lieber Sohn.
Ich:	Du hattest keine Ahnung.
Vater:	Ich habe dich aus der Ordensburg geholt, bevor es zu spät war.
Ich:	Du warst ein Tor ...
Vater:	... ein strebsamer Kleinbürger, ein verbissener Deutschländer ...
Ich:	... ein rechter Verkehrsgläubiger, ein Murmeltier ohne Pfiff.
Vater:	Verköstigungen innerhalb unserer Arme.
Ich:	Probieren wir es.

(Weinen und Schluchzen, dann Regenfall.)

5.

Ich:	Regen setzte ein, nur draußen, versteht sich. Ein älteres Ehepaar, das ein Beet geharkt hatte, suchte Schutz unter einer Zirbelkiefer und öffnete, stehend, eine Flasche Bier, um, wie immer, den Beginn ihres Abends zu begrüßen.

Der Friedhofsgärtner schimpfte mit einer gebrechlichen Frau, die sich, von einem Ausflugsomnibus kommend, zwischen Gräber verirrt hatte. Anschließend säuberte der Gärtner die verschmutzte Zierschrift einer Stele mit einem Schaumschwamm und trollte sich dann, den Rest dem Regen überlassend.

Nach einer Pause, die wohltat, lief ein Jüngling durch die Kieswege, wild um sich blickend. Er hatte eine Ledermontur an und einen veilchenfarben irrisierenden Motorradhelm auf. Vor einem verödeten Geviert stürzte er sich zu Boden, wühlte in dem nassen, klumpig gewordenem Erdreich und rief ›Sóhela, Sóhela!‹ Daneben stand auf einem Sockel ein zweijähriger Engel mit dicken Backen und Speckröllchen an den Armen. Aus Flechten, die durch die Locken gewachsen waren, fielen schwere Tropfen. Schließlich hörte der Regen auf, und der Jüngling holte aus seiner rückwärtigen Tasche einen durchweichten Strafzettel, wischte sich damit die Nase sauber und ging. (Langgezogene Stille)

Nichts störte mehr. In den bunten Fenstern der Aussegnungshalle neben dem Komposthaufen brachen wieder Sonnenstrahlen herein. Der Friedhof war trotz der Reformation zu zweidrittel katholisch geblieben.

6.

Moosgräfin:	Schnäuzchen?
Ich:	Nicht nur ich, wir waren zu fünft!
Moosgräfin:	Die Erwachsenen rechne ich nicht. Von ihnen habe ich gelebt, euch verehrte ich.
Ich:	Mißverständlich!
Moosgräfin:	Noch immer Zittern und inneres Beben?
Ich:	Ich bin schon fünfzig.
Moosgräfin:	Weiß du, wie alt ich war?
Ich:	Fünfunddreißig oder vierzig.
Moosgräfin:	Über sechzig. Mein genaues Geburtsdatum kannte ich nicht. Als ich zu malen anfing, orientierte ich mich an den Jahreszahlen, die ich in die Bilderecken schrieb. Sehr praktisch.
Ich:	Schauer und Vergessen. Die Moosgräfin. – Sie

wohnte im Espantor mit zehn oder zwanzig Katzen. Der Turm stank von unten bis oben wie eine Abdeckerei. Doch wir gingen immer wieder hin, saßen dort, sahen ihr zu, wie sie Farben mischte und sie auf alte Fensterläden strich, die sie mit Schmirgelpapier abgeschliffen und dann mit Leinöl getränkt hatte, das sie sich gar nicht leisten konnte. Sie tüpfelte stets an fünf Stücken in einer Reihe, jeden Tag auf jedem Holz eine Fingerbreite, weil, wie sie sagte, die fügsame Eintrocknung das Wichtigste bei diesem Handwerk sei. Sie malte nur Eisschränke, monströs blanke, offene Verliese, in deren Fächern sich Dosen, Gemüsebündel, Tierteile und kleine, bekleidete Menschlein befanden. Alles war stumpf, frisch oder, besser gesagt, akkurat konventionell ausgeführt, was das Entsetzen erst in Gang brachte. Mitunter erzählte sie von einem Schäfer, ihrem ersten Mann, der sie schlug, dem zweiten, einem Monteur auf einem Flugplatz mit Schuhgröße sechsundvierzig, dem dritten, und so weiter. Wir brachten ihr zu essen, auch Wein, Schnaps und Most. Die Getränke stahlen wir von unseren Eltern. Manchmal streichelte sie uns, küßte ein Mädchen auf den Mund, das aufschrie, tätschelte uns Jungen, die in der Überzahl waren, und wir lehnten uns aus Scham gleich geknickten Tännchen auf der Bank zur Seite. Im Winter war sie für Wochen weg, verreist, hieß es, aber wir glaubten den hämischen Kommentaren der Erwachsenen nicht, lauerten um den Turm, in dessen letzter Luke ein Licht brannte, ein ewiges Flämmchen für die alleingelassenen Katzen.

Moosgräfin:	Als ich starb, war ich vierhundertzwanzig. Sechzig mal sieben gleich einem Hund.
Ich:	Kinderei. Ich kenne dein Armengrab. Du bist genau siebzig geworden trotz Suff und Vitaminmangel.
Moosgräfin:	Wahrhaftig, mein Schätzelchen! Warst du dabei?
Ich:	Nein.
Moosgräfin:	Du schautest von der Friedhofsmauer aus zu.
Ich:	Nein.
Moosgräfin:	Lüge. – Du hast dir die vielen Haare des ungleichschenkligen Dreiecks vorgestellt, hast meine Brustwarzen bis zu dir gezogen und wolltest Meister werden. Hast versucht, starr vor Entsetzen und zugleich aus Verlockung, in die Mitte vorzustoßen, die häßlich aussah, zerfurcht, gelappt, braun und rosarot, kurzum, eine Wunde. Aus einer ähnlichen kamst du mit einem Schrei auf die Erde und mit einem Würstchen Kot hinterher.
Ich:	Nein!
Moosgräfin:	Doch, mein Lieber!
Ich:	Das Licht der Lampen und die Schmerzen in den Lungen!
Moosgräfin:	Damals gebar man noch zu Hause. Ich bekam im Krieg erst Wohnrecht, als ich den Bürgermeister verführte, einen Möbelschreiner, der später von der Besatzungsmacht in ein Bergwerk verbannt wurde.
Ich:	Einen Steinbruch im Elsaß.
Moosgräfin:	Wie du meinst.
Ich:	Am Ende ihres Lebens, als sie von uns nichts mehr wissen wollte, rabiat eigensüchtig verfiel und nur noch rohe Wirsingblätter aß, die Katzen aus dem Turm warf und ihre Bilder einem Rentner schenkte, der aus ihnen für

seine Rehe, die er im trockenen Wehrgraben vor der Stadtmauer hielt, einen Stall zimmerte, da setzte auch bei uns eine Verschleuderung ein: Drei wollten sich vergiften mit Tollkirschen und Korallenpilzen; eine Fünfzehnjährige konnte nicht mehr gerettet werden, sie ertränkte sich erfolgreich nachts im Löschweiher.

Moosgräfin: Das war Liebe.

Ich: Du hast recht. Schluß jetzt.

Moosgräfin: Kein Triumph, kein Nachtrag.

Ich: Schlechter Geruch, soweit ich noch genügend Lamellen besitze.

Moosgräfin: Schau mich an, ich bin schon länger da. Die Pest im Kopf, Luminiszenten vom Hals bis zum Geschlecht. Nur die beiden Stifte sind übriggeblieben, der Schreiknorpel und das kleine, hunderttausendfach, einst begierig malträtierte Seufzergebirglein, das Stalagtitchen. Tropf, tropf, tropf.

Ich: Liebe!

Moosgräfin: Wirklich?

Ich: Es ist keine Frage des Bedauerns oder verflossener Wirklichkeit, vielmehr ein Fanal.

Moosgräfin: Also Liebe? Auch ohne Fleisch und Pein?

Ich: Liebe! Sage ich doch! Liebe!

Moosgräfin: Liebe . . .? – Überall . . .?

Ich: Liebe.

Moosgräfin: Dann kannst du der Verheißungen gewiß sein.

Ich: Ich will Liebe, Liebe, fast wie Öde.

(Sphärenmusik, nicht elektronisch.)

7

Ich:

Der Pastislatschuliatem und die modrige Feuchte der Moosgräfin ließen nach, sei es, daß sie sich anderer Verderbnis hingeben wollte oder Heimstatt in einer Wurzelremise entdeckt hatte. Ich saß am Ende des Stamms, in einer Rindenkluft, wo sich vier- oder fünfundzwanzig Generationen auf dem Weg weiter hinab balgten. Vor mir, aus Stein, doch jederzeit durchdringbar, begann der Sockel einer Urne, in der sich vielleicht noch die Asche der Schwester meines Großvaters befand, die nach dem ersten Weltkrieg, als ganz Mitteleuropa geschwächt war, an der spanischen Grippe starb, eine von Hunderttausenden. Mein Großvater erzählte mir eine Stunde vor seinem Tod, nachdem er einen Elch gesehen hatte mit grauen, triefenden Barthaaren, daß er damals in einem Mietwagen, seine Schwester aus dem Krematorium von Lindau am Bodensee geholt habe, doch sich nicht sicher war, ob er nicht die Knochensplitter, Gemmen- und Broschenüberreste im Kofferraum verstreut hatte. Er sei ziemlich betrunken gewesen und habe mit Laub und zusammengekneteter Erde die Urne wieder aufgefüllt.

Zwei Kinder blickten mich an, standen direkt vor mir und entzifferten die Inschriften des dreiflügligen Mals. Ich bekam Herzklopfen, auf alle Fälle beinhaltete die Erinnerung ein schnelles Pochen, denn es waren unsere Kinder, die wir zum Beispiel eines besseren Lebens erkoren hatten.

Angela:

Katharina Maria Weberbeck, geborene Hiller,

	war die erste, die hier begraben wurde. 1511 bis 1601.
David:	(kaum verständlich lallend) Donnerwetter! Neunzig Jahre alt. Sie muß viel Essen gehabt haben, damals.
Angela:	Der Nächste ist unleserlich. Petschaft oder Peter an der Aach. Der Name kommt in der ganzen Ahnenreihe nicht mehr vor.
David:	Ein Fuhrmann, ein Händler, ein Durch... ein Durchreisender. Reich, hat das Grab gekauft und den Sch ... errichten lassen.
Angela:	Was?
David:	Den Stein!
Angela:	Du hast recht. Deinem Peter verdanken wir, daß wir wissen, wo wir einmal ruhen werden.
David:	Wir nicht! Wir gehen nach Amerika. Da gibt es auch Weberbecks.
Angela:	So heißen wir doch gar nicht. Aber trotzdem dageblieben. Je häßlicher das Land, desto mehr werden wir gebraucht.
David:	Machen wir.
Angela:	Sie werden staunen und die Mutlosen nicht mehr anlügen. Gerechtigkeit wird einkehren.
David:	Wie im Pa..., wie im Pa..., im Pa...
Angela:	Wo?
David:	Wie ... im ... Paradies.
Angela:	Komm, wir schauen uns um.
Ich:	Angela! David! Hört ihr mich?
Angela:	(entfernt) Dort drüben steht eine Kapelle aus Eisen. Vielleicht von Italienern, Pizzabäckern oder Eisverkäufern.
Ich:	Hierher! – Ich saß im Baum und schrie durch das Astloch neben der Urne. – Einfach miomamphon, falls ich überhaupt noch die Gediegenheit einer Mikrobe besaß. – Meine Kinder, nein unsere, das eine zu dick und wat-

schelnd mit strahlend blauen Augen, das andere groß und stark, streiften zwischen den Grabstätten umher, pflückten Blumen und ließen sie wieder fallen, rissen einem der selten gewordenen Maikäfer, die nur noch hier gediehen, den nach Nuß schmeckenden Kopf ab und aßen ihn auf, dann tauschten sie ihre Schuhe, die noch von mir stammten.

Angela war Hella's Tochter und bei Rosa aufgewachsen, die wiederum David geboren hatte, der in Hella's Haushalt verwöhnt worden war, eine Versuchsanordnung überkreuz wie von Mendelschen Lippenblütlern, denn die Väter waren grundverschieden gewesen, ein gestohlener Milliardär und Charly, Hilfsarbeiter in einem Autowerk, in dem auch Rosa angestellt war. Hella verkörperte das letzte und erlesenste Glied einer Gründerzeitfamilie. Allein ihre Telefonrechnung belief sich auf ein- bis zweitausend Mark monatlich.

(Saxophonmusik)

Unsere Absicht, daß Armut meist Dummheit und Unschönheit, Reichtum aber Klugheit und Ebenmaß erzeugen würde, auch unter entgegengesetzten Bedingungen dominierend, hatte nicht triumphiert. Beide Kinder wiesen Schäden auf, denn die möglichen Fehlerquoten im Informationsmaterial der Proteine verstreuten sich in Breiten, wie ich nun wußte, die sich nur noch in Zahlen veranschaulichen ließen, wenn man bedenkt, daß der aus zwanzig Buchstaben verfaßte Gencode zwanzig hoch hundert Alternativen mit sich schleppte, eine selbst für Tote hyperbolische Größenordnung, da die gesamte Materie des Weltalls, ausgedrückt in der verschwindenden Masseneinheit des Wasserstoffatoms, erst eine Menge von zehn hoch neunundsiebzig beträgt.

(Schnelle, feierliche Geigenmusik.)

Angela verdiente ein wenig Geld, indem sie für ein Exportunternehmen kleine Rauschgold-engel zusammensteckte und deren Wachs-köpfchen mit Farbe versah, eine schlecht bezahlte Heimarbeit. Manchmal entwischte ihren ungeschickten Fingern eines der lästerlich zierlichen Püppchen. Sie zerstampfte es und fing unverdrossen beim nächsten an.

David war Einschießer einer Waffenwerkstät-te. Gelassen stand er den ganzen Tag in einem Keller, stimmte Korn und Kimmen von teu-ren Liebhaberbüchsen ab, die nach Wunsch der Kundschaft auch linkshändig eingerichtet wurden. Im Gegensatz zu Angela war seine Feinmotorik nicht gestört, doch obgleich es fortwährend in seiner Betonschleuse unter der Erde knallte, trug er keine Ohrenschützer. Er war taub.

Stimmen: (Kanon) Krieg, Pestilenz, Hagiasophie! Es flattern die schwarzen Fahnen an den leeren Autobahnen, die Schnecken vermehren sich. Der Mond hat sich geteilt, die Wolken bleiben stehen. Auf den Schutthalden brüllt das ver-wilderte Vieh.

Ich: Lauter Masochisten in Bedrängnis, lechzend nach Zuwachs.

Stimmen: Rosemarie, Rosemarie, wo ist sie? (Gelächter)

Ich: Kusch! – Meine Kinder, nun schon bedeutend älter, wandelten in sanftem Regen. Er umarmte sie und lallte Unförmiges. Sie, die nicht seine Schwester war, es jedoch zu sein glaubte, lachte und gab ihm einen Kuß auf das rechte Ohr.

Ein ungestümes Verlangen packte mich, ich wollte aus den Alleen der Maserungen heraus, verspürte eine pathologische Verantwortung als Vater und Mutter in einem. Die Kinder, die Kinder, sie brauchten mich, ich mußte sie beschützen! Überall tobten Kämpfe, würden bald auch unseren Winkel in der südlichsten Provinz erreichen. Häscher waren unterwegs, und auf den Magnetbändern der Speicher häuften sich die Ziffern der Verdächtigen, die eine Leitplanken- und Bunkerkultur verachteten. – Angela! David! Flieht! Ab nach Spitzbergen!

Sie gingen weiter, nur Angela drehte sich einen Augenblick um, als habe sie von der Wärme, einst nackt auf meinem Bauch liegend, noch einmal eine unbeholfene Ahnung empfangen. Hinter einer Hecke verschwanden die beiden, sie breitbeinig, David einen halben Schritt zurück, immer darauf bedacht, seine vermeintliche Schwester zu stützen, falls sie über eine Unebenheit stolperte.

(Abschließende Geigenmusik).

8.

Ich: Vorbei. – Tiefer gelangend im Sog fühlte ich mich redlicher, strudelte vor Behagen, prustend und plantschend wie ein Rhinozeros ohne Gewicht. Kuckucksnelken oder Schwälbchen saßen millionenhaft auf Wurzelenden, es können auch die Blinklichter von Leguminosen gewesen sein. Trotzdem gab es genügend Raum in dem Gebrodel. Jede Anwesenheit, ob erst kürzlich oder schon tausend Jahre alt, ohne die Schichten darunter, die bis zum chemischen Zerfallswert von Molybdän entvölkerter sein mochten, blieb leuchtend vorhanden. Ich stolzierte umher, schwang ein Stöckchen, tauschte Sittenmerkmale und in zivilisationsarmen Sprachen noch fehlende Diphtonge aus. Seltsamerweise wollten viele aufeinander reiten. Es gab Schultertürme, fünfzig- oder hundertfünfzigfache. Marokkanische Akrobaten wären vor Neid in Spagat gegangen, was mit Bindfaden zusammenhängt, auch Spaghettis, den bekannten, zahnsteifen Langnudeln, wenn richtig gekocht.

Manganelli:	(Akzent) Sie lustfahren wohl?
Ich:	Was tun Sie hier?
Manganelli:	Wahrscheinlich ein Mißverständnis, eine Soße ohne Rand.
Ich:	Giorgio Manganelli, Anglist aus Mailand und Verfasser von lästerlichen Büchern wie Niederauffahrt, Omegabet und Unschluß. Labsale während der allgemeinen Phantasielosigkeit im Oberland.
Manganelli:	Hilarotragoedia, Nuovo Commento e Sconclusione. Nur ein Teil meiner Produktion. Mein einzigartiger Übersetzer ins Germanische, Toni Kienlechner, hat mich hierhergeschickt.
Ich:	Der oder die Toni?
Manganelli:	Comme vous voulez. I was a wheely.
Ich:	Ein auf dem Hinterrad Fahrender des Motorcrossports. Maßlos übertrieben, denn Manganelli war stattlich, besaß ein flauschiges Lippenbärtchen, Plusterwangen und tiefseeförmige Brillengläser, obgleich er sie bei uns

	nicht mehr benötigte. Sein korrekter Anzug entsprach den stutzerhaften Bögen der Galleria Vittorio Emanuela Secondo seiner Heimatstadt.
Manganelli:	Richtig! Ich hielt dort einen Tisch im Café Greco. Quasimodo saß auch bei uns. Nach seinem Nobelpreis habe ich das lyrische Männlein nicht mehr sehen wollen. Strafe muß sein.
Ich:	Neidisch?
Manganelli:	Si! Ich schreibe weiter, muß immer versägter, nein, wie man sagt man, verzwickter werden, von Gipfel zu Gipfel eilen bis zu einem endgültigen Leberleiden.
Ich:	Stabreim.
Manganelli:	Isländisch. In Reykjavik sind Hunde verboten. Die einzige Hauptstadt in der Welt mit solcher, nein, einer solchen, nein, noch besser, solch einer Maßnahme.
Ich:	Mein Traum! Nachts in München, Frankfurt, Hamburg und Berlin Hunde köpfen. Sie kakken vor jede Tür, auf jeden Rasenfleck, ins letzte Gras der Anlagen. Wir rutschen aus und brechen uns die Knöchel. Die Kinder spielen mit kalten Würstchen.
Manganelli:	S.P.Q.R.M. Senatus Populusque Romanus.
Ich:	Die Sache des Volkes.
Manganelli:	Nein, der Elite. Early to bed, early arise, makes a man healthy, wealthy and wise.
Ich:	Ich war ihm auf den Leim gegangen, schnatterte sein weiches Zimmergeplauder mit, obgleich ich mir nicht vorstellen konnte, daß er in Mailand zu Literatenautodafés ausgegangen war. Seinen Stammtisch in dem griechischen Kaffeehaus glaubte ich ihm auch nicht.
Manganelli:	Mißtrauisch?

Ich:	Sehr.
Manganelli:	Dann dringen Sie tiefer. Nehmen Sie meinen Arm, den für den Schirm. Ich war, wie Sie wissen, ein Regenfanatiker, ein Pausist, ein Schriftsteller des Löschpapiers.
Ich:	Ich habe nur noch einen, der andere liegt in Essen.
Manganelli:	Egal! Ich wäre auch an Napoleon nicht gescheitert.
Ich:	Höhlen taten sich auf, schimmlige Gelasse, in denen es raunte und wob. Der japanisch verquirlte Linksverkehr bewegte sich über gebündelte Fäulnisphosphoriszate in Kehren abwärts, teils von Wurzelbärten verhangen, auch durch Erdklumpen behindert. Ein unbeirrbar dünner Jubelton schob mit, unterlegt von zischend nassen, kaum hörbaren Bässen.
Manganelli:	Lauschen Sie. (Melodiöses Knistern und Plätschern)
Ich:	Mühevoll.
Manganelli:	Es braucht Zeit, bis man es zu hören wagt.
Ich:	Sind Sie schon lange hier?
Manganelli:	Nein, aber ich habe in etruskischen Nekropolen bereits Erfahrungen gesammelt. Lassen Sie es sich nicht verdrießen, auch Ihr Land hat eine reiche Vergangenheit, von geknebelten Moorleichen bis zu stattlichen Massengräbern.
Ich:	Unser Geschichtsunterricht war miserabel. Lehrer, Abgeordnete und Eigenheimbesitzer zittern vor Angst, wenn sie etwas aus ihrer Jugend erzählen sollen.
Manganelli:	Unsere psychologische Inferiorität gereicht auch zu Vorteilen, die sogar Späßen ein wenig Frische verleihen. Bei uns marschieren am Tag des Siegs über den Faschismus die Chefs der

	Christdemokraten und Kommunisten Arm in Arm durch Rom, obwohl sie sich sonst bekriegen. Sie pflegen einen gemeinsamen Feind, die Barbaren jenseits des Brenners. Ihr habt nur euch selbst.
Ich:	Undenkbar, daß dasselbe bei uns geschieht. Die Gräber würden sich öffnen.
Manganelli:	Keine Nelken in rosigen Stockknäufen?
Ich:	Verschüchterte Kinder, Autofahrer und Witwen.
Manganelli:	Alle bisher beschriebenen Dramaturgien, mit der einzigen Ausnahme der Leuchtkraft, sind imitativ oder extraktiv, unstabile Stollen des Tierischen, an dem wir vor kurzem noch teilgehabt haben. Bezeichnend für die Subexistenz sind nachträglich fristgerechte Merkmale, durch die sogar Pathos weht, eine bestimmte Art, sich der Schatten zu bedienen, lumineszierende oder naturtäuschend opake. Richtig?
Ich:	Makelloses Mäanderdeutsch.
Manganelli:	Sie verwöhnen mich.
Ich:	Ich lerne. In unserer Literatur gibt es zur Zeit nur Chauffeure, enttäuschte Ehefrauen und seufzende Österreicher.
Manganelli:	Die Befruchtung von Manierismen ist ein notwendiger Kunstgriff, den man auch Manismus, Ahnenkult oder Totenverehrung nennen könnte. Denn nach allen komplexen Sozialtheorien können justable Modelle schnell durchdekliniert werden. Der Parameter läßt nur beschämende Änderungen der Steuerungstarife zu, da das Spiel, dem wir mathematisch unterliegen, im Verlauf des Zerfalls sich zielrichtet. Das Zeichen für Unendlichkeit ist eine liegende Acht oder eine einmal

	gewendete Schlange, die sich in den Schwanz beißt, sich also selbst begehrt.
Ich:	Es ging mir nicht gut. Ein Zerren und Verbeulen nahm mich gefangen, als müßte oder dürfte ich ein anderes Becken, vielleicht auch Ansätze von Brüsten bekommen. Das Gesäß senkte sich, und meine Knie schwollen. Kein Wunder bei den Anstrengungen. Elle und Speiche sprossen aus dem übriggebliebenen Arm und wurden botticellihaft.
Manganelli:	Bravo, schon besser! Sie unterschätzen sich immer weniger. Vielleicht erleben Sie noch einen Eisprung, ein porphyriges ...
Ich:	... porphyrérisches ...
Manganelli:	... porphyrrages oder – arges ...
Ich:	... enthusiastisches Ereignis ...
Manganelli:	... das uns in der von Eindeutigkeit verschmutzten Lichtverdumpfung nicht vergönnt war. Sie kennen die Lauftheorie? Ich habe sie ausprobiert, in den Abruzzen, nahe meinem Ferienhaus, aber, ein Herzschlag raffte mich schon an der zweiten Steigung hinweg, obwohl ich einen Blutdruckmesser am Handgelenk trug.
Ich:	Ich erzählte ihm, wie ich mein Training wieder aufgenommen hatte, zunächst nur einen Kilometer weit in Unterhosen und Sandalen, dann zwei, drei, fünf, die Hälfte davon bergauf. Zuletzt hätte ich nicht mehr in Abschnitten gedacht, Lungen und Herz seien vereint Gegenwart verwandelt, Ereignislosigkeit, köstliche Leere gleich einem summenden Rad, dessen Speichen ich war. Mit Schultern sehe man, mit den Ohren könne man riechen, der Schleim im Schlund steige bis zu den Haarspitzen.

Manganelli: Molto bene, amigo caro. Die rastlosen Topologien werden in einem Propellerkaleidoskop zerlegt, leibschmerzliche Winde brechen sich Bahn, Geburten und Echos, die zu Muttern verschorfen. Gesäusel, in dem man auch Äuglein wahrnehmen kann, verfestigten sich zu postalischen Fähigkeiten, in Italien eine Kostbarkeit. Wirbel und Trichter ereignen sich. Wappen vergangener Familien verneigen sich voreinander. Photospuren sinken an kaum verstofflichten Triebbrändern ein. Andere Male ist es nur ein Fragekanon ohne Worte, wenngleich ich nicht mit Sicherheit weissagen möchte, ob wir letztlich nicht erneut in Provokationen verwickelt zu werden wünschten, um Bisse für Anwesenheit zu spüren.

Ich: Der beredsame Vater-, Mutter- und Kinderschänder hatte eigentlich hier nichts zu suchen, er gehörte eher in einen Zypressenhain oder auf einen figurativ beschnittenen Eukalyptushügel. Wahrscheinlich war er, als kundiger Endzeitler, aus Langeweile ins Teutonische ausgewichen, um uns ein wenig Schliff beizubringen. In seinen Schriften hatte er Anweisungen veröffentlicht, nach denen wir uns mortal nutzbringender verhalten könnten. Zum Beispiel hatte er die Apoplexie, die ihn beim ersten Lauf bezeichnenderweise innerlich zerriß, und die Rhetorik von Glöckchen und Gauleitern untersucht, auch wieviel Tote in einer verrosteten Schraube Platz fanden. Zuletzt war es ihm gelungen, seine gesamte Verwandtschaft einer Sintflut zu unterwerfen, so daß jene, paarhufig oder nicht, sich in Schubladen, Reagenzgläser und Stecknadel-

	kissen flüchtete, wo sie heute noch unerlöst schmachten mochte.
Manganelli:	Kommen Sie, kommen Sie! Gleich ereignen sich in der letzten Wurmhälfte, wo selbst die Knochen von begrabenen Rittern und Nonnen nicht mehr standhalten, zirzensische Entfesselungskünste.
Ich:	Wir hüpften durch einen grauen Nesselbart und rutschten, zusammen mit Rätoromanen, Sueben und Kelten, in ein Loch.
Manganelli:	Diabolo!
Ich:	Sehr warm hier. Wir müssen noch mehr schrumpfen, wegen der Oberflächenspannung.
Manganelli:	Leguminosen! Dort die vieläugigen Kröten oder Knötchen! Dunque, sie binden den Luftstickstoff für die Pflanzen direkt. Wenn man sie züchten könnte, ginge die Weltwirtschaft nicht unter. Für ein Kilo Schweinemast werden immer noch fünf Kilo an chemischer und fossiler Energie aufgewendet.
Ich:	Und wir? Fünfzig Milliarden von uns stecken schon im Boden oder schleppen sich über die Krumen.
Manganelli:	Wir verbrauchen uns nicht, bleiben als Spektralschicht zwischen Versäumnissen, Popperskeptizismen und Kleinbürgerehrgeiz finster vorhanden. Wir sind das Schlangengift und die Erinnerung des Hypothalamus'. Schon der Verdacht, daß wir noch existieren, bringt jedliche Naturwissenschaft aus dem Lot. – Teuerster, ich verlasse Sie.
Ich:	Nicht mehr so korrekt gekleidet wie vorher, sondern in peinlichem Aasgeruch und verquerer Biowurstigkeit begriffen, luderte er im Gewölk von Geistern hinweg. Im Bauch des

allgegenwärtig honigsüßen Teufels oder an der Kehrseite eines während des ewigen Sturzes eingebackenen Erzengels schloß sich ein laparoskopischer Schlupf, anästhesierte Öffnung für Bespieglung innerer Leiden. – Vielleicht wollte Manganelli noch einer Orchesterprobe der Berliner Philharmoniker beiwohnen oder er inspizierte die Beschaffenheit von Roland dem Riesen am Rathaus zu Bremen. Lang würde er in unserem gravitätischen Nebel nicht zu sättigen sein, diokletianische Gerüche und verschüttete Thermen lockten fabelreicher.
(Orgelmusik von ›Nun nimm denn meine Hände und führe sie . . .).

9.

Tante Anna:	Platz! Wer Angst hat, soll sich melden.
Stimmen:	(Kanon) Wo ist Luther? Wo sind die Päpste? Die Heiligen gehen kein Risiko ein. In Nepal trocknen Weise oder trinken Flaschenbier. Jeder ist sich selbst allein. (Gelächter)
Tante Anna:	Ich habe immer gesagt, an allem ist die Inflation schuld. Meine Mutter ist jeden Morgen um vier Uhr früh drei Stunden in unsere Molkerei gegangen und hat die Sennen kontrolliert. Nach dem ersten Weltkrieg verloren wir hunderttausend Goldmark. Mein Bruder studierte Tierarzt; wir zogen nach Stuttgart, um ihn am Leben zu erhalten. Es ist uns gelungen!
Ich:	Das war mein Vater, dessen Knickerbocker mir schon mit sechzehn zu klein waren.

Tante Anna: Du hast in meinem Garten die Löwenmäul-
chen abgerupft.
Ich: Verzeihung.
Tante Anna: Worte, weil du nichts anderes kannst! Mein
Vater starb an Tuberkulose unter Kastanien-
bäumen in einem Liegestuhl, in dem auch
ich jahrelang wegen derselben Krankheit
lag.
Ich: Meine Tante Anna, jene schon oft zitierte
Organistin aus der Diaspora mit immer noch
roten Bäckchen, zerflatterte erst Mitte neun-
zig. Jetzt wirtschaftete sie in der Tiefe unter
unserem Grabbaum wie weiland oben, stieß
eine klumpfüßige Lehrerin zur Seite, eine le-
dig gebliebene Cousine dritten Grads, die bei
einem Eisenbahnunglück ums Leben gekom-
men war, zermalmte mit einem Handgriff et-
liche Altersheimbänkchen, deren anscheinend
zurückgebliebene Sonnenflecken nur noch
Bakterienbrut bei sich behielten, brachte einen Greis zu Fall, der eilfertig davonkroch,
einen Seiler unserer komplexen Familie, dessen Hals aus spätem Liebeskummer sich im
eigenen Handwerk verfangen hatte, und be-
fahl mir, ich solle mich um meine bleichen
Frauen kümmern, sie winselten gottserbärm-
lich. Das komme von der hochmütigen Glau-
benslosigkeit. Die Neuzeit mache es selbst
Gestorbenen schwierig.
Ich: Du hast mich lang genug mit Psalmen und
dem Unterschied, den du nicht wahrhaben
wolltest, zwischen dem Neuen und Alten Te-
stament, traktiert. Ich verdamme dich zu
zehntausendjährigen Vierundsechzigsteln an
dein Harmonium! Czerny, die Schule der Ge-
läufigkeit.

Tante Anna:	Ich kann nicht! Der Fingersatz macht nicht mehr mit.
Ich:	Laß dir von spanischen Jesuiten brennende Hölzchen unter die Fingernägel plazieren. Vielleicht wirst du dann behender.
Tante Anna:	Das waren Katholiken, Verirrte. Sie beichteten, als könnte der Herr nicht mit uns selbst sprechen.
Ich:	(Musikkadenz) – Sie versuchte, eine der Armeleutebänkchen wieder aufzurichten, brachte aber nur einen bescheidenen Sitz zustande, auf den aus der vergorenen Höhe der Ballenhöhe ein Brocken Amethyst herabfiel, der, mit ehrfurchtgebietender Speiernase nach oben gereckt, liegenblieb.
Tante Anna:	Nicht berühren!
Ich:	Ahne ich ja!
Tante Anna:	Kennst du nicht.
Ich:	Doch! Gehört nicht zur Familie. Eine Ametrie, ein Mißverhältnis, oder ein Amiant, verhärtete Asbestart, eher eine Amtose, lodernde Zellkernteilung.
Tanta Anna:	Mach' mich nicht wieder dumm!
Ich:	Wenn wir noch weiter zurückgehen, sind es im Reich der erhabenen Verkleinerungen leuchtende Amine, Stickstoffverbindungen, also Aminosäuren, in denen die Erbbausteine schlummern. Hinter ihnen bin ich schon den ganzen Tag her.
Tante Anna:	(lacht) Kindisch! Den ganzen Tag!
Ich:	(hustet) Du hast recht.
Tante Anna:	Es ist der Kopf eines Fürsten! Von Moritz Tuch!
Ich:	Tatsächlich?
Tante Anna:	Hände weg, sonst löst auch er sich auf.
Ich:	Der Anachoret, Klausner; das Amygdalin,

Geschmackstoff in der Bittermandel; hat in der amerikanischen Emigration, als deutscher Jude, sein dreibändiges Hauptwerk geschrieben, ›Geduld und Glut‹, den Gesang der Hoffnung; ein expressionistischer Steinbruch.

Tante Anna: Berühr ihn nicht. Er ist auf meinem Sofa verschieden.

Ich: In deinem kalten Dachstübchen?

Tante Anna: Ich hatte einen Ölofen. Hast du mir gekauft.

Ich: Stimmt.

Tante Anna: So schlecht bist du gar nicht, wie du immer tust.

Ich: Stimmt auch.

Tante Anna: Er war auf der Flucht und schon blind. Kassiopeia oder Karola, die besseren Leute haben ja immer schönere Namen, kam später. Zehn Jahre lang blieben sie bei mir. Seine Frau gewann ich auch lieb.

Ich: Verlogen! Du hast sie gehaßt.

Tante Anna: Ja. – Sie hat aus ihm einen Vegetarier gemacht. Er hatte doch Schnitzel und Pommes frites so gern!

Ich: Und du hast in der Küche deine Ölsardinen gegessen und die fettige Tunke aufs Brot geschüttet?

Tante Anna: (schluchzend) Ja, stimmt genau.

Ich: Wiederhol mich nicht.

Tante Anna: Er war ein Philosoph und konnte Klavier spielen. Ich habe ihn zu den Gottesdiensten auf die Dörfer mitgenommen. Die Pfarrer hatten nichts dagegen, waren hoch geehrt, ließen ihn vorn im Auto sitzen, mit Sicherheitsgurt.

Ich: Vierhändige Lieder?

Tante Anna: Ja.

Ich: Bist du sicher?

Tante Anna: Ich habe ihm wieder Fingersatz beigebracht.
Ein Blinder lernt schnell.

Ich: Ach, liebe Tante! Nun passiert nichts Schlimmes mehr.

(Harmoniummusik und zweistimmiger Choral, von Tante Anna und mir gesungen, des Lieds: ›Ein' feste Burg ist unser Gott, ein' gute Wehr und Waffen . . .‹)

10.

Rosa: Die Blutungen des Himmels . . .
Ich: . . . sagte Rosa und seufzte.
(Maschinengewehrfeuer)

Rosa: Der Schlaf ist ein Komplott. Ich will nicht sterben.

Ich: Und Hella, eine andere Liebe, zwar nur für einen Monat, als sie mich aus Laune oder Strategie in einem kurzen Anlauf erhört hatte, dümpelte postgewerblich kokett auf mich zu, bedeckt von schwarz verkrusteten Narben. Ein Fetzchen ihres lindgrünen Schals faulte noch am gebräunten Strandarm.

Fink: Es ist ein Scherz, ein Scherz, alles ist ein Scherz! (Vogeltriller)

Ich: Wichtige Stelle, wenn ein Fink einen tödlich entschlummerten Jüngling auf einer Tiberinsel wiedererweckt, in ›la storia‹, wunderbar sentimentaler Geschichtsroman, für den es bei uns keinerlei Äquivalent gibt, von Elsa Morante, römische Epikerin und Katzenfreundin, die jede Nacht schüsselweise Futter zum Forum Romanum schleppte.

Fink: Tsise nei Zersch, nei Zersch, sella tsi Zersch. (Vogeltriller)

Ich:	Der Fink, verkehrtherum, auch anrückenden Epizentren oder dem Druck des Dampfs von Espressomaschinen durch das Kaffeemehl ähnlich. – Hella erschlug mit der Platte eines Pults zwei maskiert Tuchumhüllte, die sich im Schutz von Salven außen an dem Gerippe der Universität hochgehangelt hatten. Rosa trennte mit einem Schnitzmesser für Geigenhalsschnecken, das aus dem luftundurchlässigen Büro eines grauhaarig resignativen Germanistikprofessors märchenhaft selbständig zu uns gefedert war, einer näherkriechenden Geschlechtsgenossin die Kehle durch.

(Explosionen und Schüsse).

Rosa:	Vorsicht! Frauen sind am gefährlichsten! Sie jauchzen beim Verröcheln noch Parolen.
Hella:	Welche? Ich höre nichts.
Rosa:	Kennt doch jeder! – Da! (Schüsse) Ich brauche Munition!
Hella:	Ich auch!

(Salven und Detonationen)

Ich:	Ich schleppte Gewehrgranaten, Panzerfäustlinge und volle Gurte, doch verstand wenig von deren Brisanz, obwohl ich Sanskrit studiert hatte und aushilfsweise einmal Punktschweißer gewesen war. Nun mußte ich in Krach und Qualm verschiedene Gebrauchsanweisungen entziffern, aus dem Neuhebräischen und Französischen, schnellste Waffenlieferanten an alle Krisenherde.
Rosa:	Ich brenne! Ein Flammenwerfer! (Geheul)
Hella:	Verfluchte Weiberwirtschaft! (Schüsse) Ah, getroffen! Ich räche dich. Sehr befriedigend.
Ich:	Man muß noch wissen, daß das einhundertdreizehnfache architektonische Vieleck der Gesamthochschule Essen, in der es auch Klas-

sen für Kunstschreiner, Bankingenieure und Heilpädagogen gab, für die Sprachblasengeneration des Ruhrgebiets gebaut worden war und auf dem Boden ehemalig kommunistischer Familien stand, die man mit Beil und Harfe ausgerottet hatte. Die wenig Überlebenden hausten in Katakomben.

Hella: Liebste, wo bist du?

Rosa: Hier! Oh, es tut so weh! (wimmert)

Hella: Mein Gott! Asche und Gebrutzel. Soll ich dir den Gnadenschuß geben?

Rosa: Nein! Wir halten mehr als Männer aus.

Hella: Stimmt! (Schüsse) Oh, mein Bauch! Wo ist der Rest?

Ich: Mein Arm! Ich verblute! Helft mir doch! – Flammen, Blei und Sondereinheiten.

Rosa: Meine Augen kochen! Ich sehe nichts mehr!

Hella: Mein Gedärm springt davon! – Laster und Andacht.

(Fauchen und Zischen nebst Einschlägen.)

Ich: Das war das Ende. – Von der hallenden Villa Hügel der Krupps, aus der es einer Ausstellung altägyptischer Exponate gelungen war, sich zu befreien, trippelten die frechsten Mumien und Goldspangen an uns vorüber, die sich nicht mehr um ihre Unersetzlichkeit scherten. Schwiegermütterlich lächelnd zerschmolzen sie in der Höllenglut des brausenden Lehrgehäuses.

11

(Wind und Zithermusik)

Ich: Was dauert, sind Bäume. Ihre langsame Fülle neigt sich durch die Zeit; das Singen ihrer Blätter und Nadeln holt sich Kraft aus Wärme und Frost; wenn ihnen Wunden geschlagen werden, verzerrt sich nur der Glanz ihrer Wipfel und beruhigt sich wieder.

Wir hatten Frieden gefunden, geborgen in mimosigem Wurzelwerk, dessen Fäden und Fleißigkeiten verbündeten. Zärtliches Wispern, auch zänkisches Rechthaben bei Streitigkeiten um Platzvorteile oder Hypostasien hörten auf, allgemeine Faulheit nahm zu, ein gegenseitiges Durchdringen und Verschwimmen, das sich auch nicht mehr um den mittleren Zerfallswert von zehn hoch einunddreißig Jahren der Protonen im Getriebe der Quantenelektrodynamik kümmerte. Ihr Poltern rauschte durch uns hindurch.

(Stimmen des Wohlbehagens, des Vertrauens und der Vertäuung.)

Vetter: Schmiegsame Last, Kalbslederschuhe voll Rast.

Bäschen: Mein Mädelchen, mein Rädelchen, mein goldig kleiner Schuß.

Vorfahrin: (singend) Fingerlanger Hansel, nudeldicke Dirn, gehen wir in den Garten, schütteln wir die Birn. Du schüttelst . . .

Vater: In der Ordensburg sehen wir uns wieder, auf dem Glockenturm.

Ich: Ich glaube, du fühlst dich immer noch nicht wohl.

SS-Gefreiter: Nun spring schon, Kleiner. Es warten auch andere.

Moosgräfin:	Das Licht der Lampen bei deiner Geburt war zu hell, mein Schnäutzchen.
Angela:	Hier bleiben wir, nicht wahr? Wir haben eine Aufgabe.
David:	(lallend) Dageblieben im Land und Ärmel hoch.
Ich:	Manganelli? – Ist gegangen. Er wird uns fehlen, der Meister.
Tante Anna:	Der Glaube versetzt Berge. Jetzt weiß ich's.
Hella:	David oder Angela? Wen gebar ich?
Rosa:	Mein Kind wird siegen.
Hella:	Nein, meins!
Stimmen:	(Kanon) Runde Gesichter, weiche Glieder, die Rinde geborsten, die Stämme vergangen, es krähen die Hähne, die Hühner verscharren die vielen, vergessenen Lieder. Oh, weh!

12.

Ich:	Wahrscheinlich gab es irgendwann einen die ganze Erdkugel umfassenden Aufstand oder der von den Verseuchern gefürchtete Sauerstoffkollaps war erfolgt. Die Bäume fingen sich zu bewegen an.

(Zunehmendes Brummen, Ächzen und Krachen.)

	Die Wurzelballen lösten sich, wir flohen durch die Maserungen, ritten schließlich auf unseren Hütern.
Stimmen:	(Kanon) Ah! – Ja! – Hinauf, hinauf! – Ja, ja! Immerdar!
Ich:	Die schweren Schritte stampften unaufhaltsam Tankstellen und Kioske nieder, zersplitterten Kaufhäuser und die Gestänge der

Sessellifte. Die öffentlich gepriesenen Natur-
gesetze traten außer Kraft.

Höcker und Pflanzungen versanken im
schweigenden Meer, verlassene Lerchen tril-
lerten gleich den bleichen Phosphaten, Hunde
hechelten hinter ihrem Speichel her, und Nägel, an denen alte Meister gehangen hatten,
sprangen aus der Wand. Dort knirschte ein
Kopf, hier verzückte sich eine Heugabel, im
letzten Sonnenschein der Schlachten fielen die
entzweigesäbelten Hälften der Mohren aus-
einander, wie einst schon gemalt.

Als die Bäume auf den Kämmen der Berge
angekommen waren, begann der Aufstieg in
die Bläue.

(Musik und Gesang von: Frère Jacques, frère Jacques! Dormez-vous? Dormez-vous? Sonnez les matines! Sonnez les
matines! Ding dang dong. Ding, dang, dong. Ding – dang
– dong.)

Rückblick

Nach zehn Jahren Verachtung und Hochmut, als gäbe es Hörspiele nur noch für Blindenhunde, wie einmal in einem polemischen Artikel behauptet, der mir viel Knüppelehre einbrachte, bin ich wieder zur Ätherdisziplin zurückgekehrt und sicher nicht nur aus Geldzwang, mit dem, meist abfällig, das Schreiben für den Rundfunk entschuldigt wird, vielmehr aus Erfindernot: Ich steckte in einer Wahrnehmungsklemme.

Zwischen Buch vier und fünf der, gottlob, noch längst nicht beendeten Thuja-Trilogie, wird es eine dringlichst verzwickt dramaturgische Stelle geben, wenn das Erzähler-Ich, aus der zusammenbrechenden Morgenthau-Idylle entlassen, während Verteilerkämpfen im Flammenmeer der Gesamthochschule Essen eine unserer Zivilisationen verderben soll, um sich, noch wehmütiger und lasterhafter geworden, in einem Thujabaum über dem Familiengrab meiner tatsächlichen oder eingebildeten Ahnen festzusetzen. Und somit wäre es dann hoffentlich in der Lage, sich weiterer Ästhetiken zu bedienen, entweder Gipfel des Dauergewächses erklimmend oder im Gemurmel der Toten versinkend. Sorgen über Sorgen.

Als mein eigener Vater und vorausblickender Ökonom, der berechnen muß, was ihn erwartet, probierte ich in nächtlichen Gebirgsschichten diese Lücke aus, vor der ich jetzt schon scheute, doch das Ergebnis war unbefriedigend. Es bedachte zu sehr Schwierigkeiten und beklopfte grammatikalische Mittel, nötige Räume und Sinnlichkeit fehlten.

Überfällig ereignete sich ein Rücksturz zu den Anfängen, als Ort und Zeit noch keine Rolle spielten, der Gewerbefleiß noch keinem Berufswissen unterlag. Schweifend meldeten sich Stimmen, die keine Rücksicht auf Erzählbühnen nahmen. Sie flüsterten und prunkten, schalteten sich selbst ab, tauchten erneut auf, verwiesen hämisch auf die Wirklichkeit, entfernten sich wieder, bis, ein wenig gezügelt und geschachtelt, ein Spiel entstand, das sich auf mehreren Ebenen ansiedelte. Mein Wunschtraum!

Aber ich erinnerte mich auch erschreckt an die Geschichte des Hörspiels hierzulande, als Methoden, Klima und helle Dreistigkeiten der Literatur noch in den Paradiesen von Funkredaktionen gehegt und entschieden wurden. Viele Namen ließen sich dafür berechnen, einige sind übriggeblieben, die meisten verschlang das Getriebe oder eine innere Zensur, die schneller arbeitete als die äußere.

Meine Privatapologie begann ebenfalls zu raunen. Zehn oder zwölf dieser Hörgebilde hatte ich einst geschrieben, darunter eins, »Blick aus dem Paradies«, (1966) in dem ein junges Paar in einer Lärche wohnt, verschiedenen Großvätern und deren Brutverfahren zuschaut, in einem Doppelgrab unter der Erde landet, schließlich über eine schützende Hecke sich trotzdem davonschwingt.

Zuletzt, 1971, gab es einen Abschiedsgesang, »Exhibition oder Ein Kampf um Rom«, ausgestattet mit Herrn und Frau Kagel, Beethoven, einem Postboten, einer Ameise, einer Mutter, einer Krawatte, Amaliswintha und Gothlindis nebst anderen Personen heftigster Fertigkeiten. Ich durfte bei der Produktion mitmachen, die überaus heiter geriet, doch das quirlige Amalgam hörte sich, meiner Meinung nach, schauderhaft an.

In »Thuja« werden diese Stränge wiederaufgenommen und vervielfältigt. Die Freiheit der Mikrowellen fordert den, der sich in die Enge gedrängt fühlt, wohltuend heraus. Er kann sich auf einem unbelauschten Platz vergeuden, in Sonne und Schatten verschlungen imaginärer Architektur.

An ein Spiel mit mehreren Bällen denkend, das, obzwar in seiner Dauer beschränkt, keine Rücksicht auf Vergangenheit, Gegenwart oder Projektionen nehmen muß, fällt mir das lyrische Sprechen ein, sein Parlando und Zustoßen, seine Klagen und Verlockungen. Scheppernde Musiken rühren sich, aufklärerische und erstickende. Es gibt Stolpersätze, verschmierte Komödienränder und atlantische Passagen.

Da alles möglich zu sein scheint, lauern überall Regeln, denn einfach sind Künstlichkeiten nie, sie verlangen nach geschärften Bildern.

Inhalt

Blick aus dem Paradies   5
Thuja   55
Rückblick   103